LIBRAIRIE

DE

THÉOPHILE BELIN

15, QUAI VOLTAIRE, PARIS

CATALOGUE DE LIVRES ANCIENS, MODERNES, RARES ET CURIEUX

EN VENTE AUX PRIX MARQUÉS

NOVEMBRE 1878

PARIS

LIBRAIRIE DE THÉOPHILE BELIN

15, QUAI VOLTAIRE, 15

1878

3046. ABUS DE PARIS, par M*** et Francis Girault. *Paris*, 1844, gr. in-8, demirel. veau fauve.   15 fr.
> Curieux livre avec d'originales gravures de Emile Baron, Seigneur, Gens (genre Gavarni), une petite tache d'eau.

3047. ACADEMIE DE L'ART POÉTIQUE, où par amples raisons, demonstrations, nouvelles recherches, examinations et authoritez d'exemples sont vivement esclaircis et deduicts les moyens par où l'on peut parvenir à la vraye et parfaicte connoissance de la poësie françoise, par le sieur Deimier. *Paris, Jean de Bordeaulx*, 1610, in-8, maroq. rouge, fil. tr. dor.   50 fr.
> L'abbé Goujet et Viollet-Leduc ont parlé avec éloge de cet ouvrage dédié à la reine Marguerite. Bel exempl., 459 mil.

3048. ACADEMIE DES INSCRIPTIONS ET BELLES-LETTRÉS depuis 1784 jusques et y compris l'année 1793. *Paris*, 1808, 51 vol. in-4, rel. veau.   300 fr.
> Bel exemplaire provenant de la bibliothèque de M. Guizot.

3049. ACADEMIE MILITAIRE (l'), ou les Héros subalternes. *S. l.*, 1745, 4 parties en 1 vol. in-12, veau.   5 fr.

3050. ACHETEZ CES ETRENNES, elles pourront être agréables aux dames, elles seront utiles à plus d'un poëte. (Chansons, par Merard de Saint-Just.) Partout et pour tous les temps. *S. d.*, in-18, veau, tr. dor.   6 fr.
> Très-rare.

3051. AFRIQUE (l'), ou Histoire, Mœurs, Usages et Coutumes des Africains. *Paris*, 1814, 4 vol. in-18, rel. veau, tr. dor.   16 fr.
> Nombreuses figures coloriées.

3052. AGENDA DES AUTEURS, ou Calpin littéraire à l'usage de ceux qui veulent faire des livres, par Raymond de Saint-Sauveur, ouvrage didactique pour le xviiie siècle. *Au Parnasse*, 1755, in-12, veau.   7 fr. 50

3053. ALAIN DE LAVAL (sieur de Vaudoré). Historial des Rois non catholiques sur un royaume christianizé et de la résistance continuelle des catholiques contre leur règne, contre l'imposture des faux politiques disant que la religion est et a toujours esté separée de l'Estat. *Lyon*, 1592, pet. in-4, cart.   25 fr.
> Très-rare, le titre est doublé; ex libris Viollet-Leduc.

3054. ALBUM contenant environ 250 sujets coloriés (paru vers 1820). Scènes de mœurs, intérieurs, paysages, reliés en 1 vol. in-fol.   100 fr.

3055. ALBUM ROUENNAIS. Edifices remarquables de la ville de Rouen, avec notes historiques par Richard. *Rou.* 1847, gr. in-8, demi-rel.   6
> 60 lithographies.

3056. ALHOY (Maurice). Les Bagnes, histoire, types, mœurs, misères. *Pa.* 1845, gr. in-8, demi-rel. veau.   7 fr.

3057. ALLOU. Essai sur l'universalité de la langue française. *Paris,* 1828, in-8, demi-rel. veau.   7 fr.

3058. ALMANACH DE GOTHA. Annuaire généalogique, diplomatique et statistique. Années 1872-1875. Chaque année.   3 fr. 50

3059. ALMANACH généalogique, chronologique et historique, contenant la succession des principaux souverains du monde, des princes, ducs et pairs de France. etc. (par l'abbé d'Estrées). Années 1747, 1748, 1749. *Paris, Ballard*. 3 vol. in-24, veau fauve, fil., dent. int., tr. dor. (Petit Simier).   25 fr.

3060. ALMANACH littéraire ou Etrennes d'Apollon pour l'année 1792, contenant de jolies pièces en prose et en vers, des réparties ingénieuses, et des anecdotes curieuses, par d'Aquin, cousin de Rabelais. *Paris*, 1792, in-12, maroq., tr. dor.   7 fr.
> Livre très-amusant.

3061. ALPHABET de l'imperfection et de la malice des femmes, de mil hommes i'en ay trouvé vn de bon, et de toutes les femmes pas une (par Jacques Olivier). *Rouen*, 1646, in-18 velin. 15 fr.
> Ouvrage recherché et curieux, une petite piqûre aux deux premiers feuillets.

3062. ALMANACH PARISIEN en faveur des étrangers et des personnes curieuses pour l'année 1785, in-18, vean anc.   5 fr.

3063. ALPHONSINE, ou les Dangers du grand monde, par l'auteur de la Quinzaine anglaise, le chevalier de Rutledge. *Paris*, 1789, 2 vol. in-12, demi-rel., figures.   6 fr.

3064. AMOUR EN FUREUR (l'), ou les Excès de la jalousie italienne, histoire nouvelle et curieuse. *La Haye*, 1742. — Réponses spirituelles de plusieurs grands hommes, avec des contes agréables et un sermon en l'honneur du dieu Bacchus. *Cologne, P. Marteau*, 1733. — Pigmalion, ou la Statue animée, par Deslandes. *Londres*, 1744, en trois pièces en 1 vol. in-18, veau anc.   15 fr.

3065. AMOUREUX BRANDONS (les) de Franciarque et Callixène, roman dramatique réimprimé sur le seul exemplaire connu, par P. Lacroix. *Genève, Gay*, 1868 in-12 br., pap. vergé. 10 fr.
> Tiré à 100 exemplaires.

LIBRAIRIE
DE
THÉOPHILE BELIN

QUAI VOLTAIRE, 15, PARIS

ACHAT DE BIBLIOTHÈQUES. — **MM.** les Libraires sont priés de nous adresser tous leurs catalogues de livres anciens.

NOVEMBRE 1878

3066. **Amusemens** des dames de B*** (*Bruxelles*). Histoire honnete et presque edifiante composée par feu le chevalier de Ch. *Chevrier, Rouen,* 1762, 3 parties en 1 vol. in-12. 7 fr. 50

Amusemens des dames. — Les trois C... conte métaphysique. — Je m'y attendais bien, histoire bavarde.

3067. **Androuet du Cerceau.** Le premier et le second volume des plus excellens bastimens de France, auquel sont designez les plans de quinze (trente) bastiments et de leur contenu, ensemble les élévations et singularitez d'un chacun. *A Paris, pour ledit J. Androuet Du Cerceau,* 1576-79, 2 tomes en 1 vol. in-fol., maroq. rouge, dent. int., tr. dor. (*Duru et Chambolle*). 550 fr.

Exemplaire provenant de la bibliothèque de M. Double. Le tome Ier est de second tirage.

3068. **Anecdotes** inédites de la fin du xviiie siècle, pour servir de suite aux anecdotes françaises. *Paris,* 1801, pet. in-8, demi-rel. 6 fr.

Ouvrage curieux sur la princesse de Lamballe, le président Carnot; conversation intéressante de Louis XVI avec Bailly.

3069. **Animâ brutorum** (De). Commentaria curiosum nobis natura ingenium dedit. *S. l. n. d.,* in-8, br. 12 fr.

Nombreuses et curieuses figures tirées en couleur.

3070. **Annales** de la Cour et de Paris, pour les années 1697 et 1698, par G. de Courtilz, sieur de Sandras. *Amsterdam,* 1703, 2 tomes en 1 vol. in-12, veau. 12 fr.

Historiettes, nouvelles officielles, faits divers, cancans, etc. Détails peu connus sur M. d'Argenson. — Débauches parmi les hommes et les femmes de la cour de France, Ninon de Lenclos, etc., etc. Ce livre déplut fort, l'auteur fut arrêté et conduit à la Bastille, où il y resta pendant neuf ans.

3071. **Annales galantes,** par Mme de Villedieu. *La Haye,* 1700, 8 part. en 1 vol. in-12, veau anc. 10 fr.

Intrigue bien conduite, sans longueurs, mais où l'histoire de France est un peu trop travestie.

3072. **Anselme** (père). Histoire genéalogique et chronologique de la Maison royale de France, des grands officiers de la Couronne et de la maison du Roy, avec les qualités et le progrès de leurs familles. *Paris,* 1712, 2 vol. in-fol., rel. veau. 30 fr.

3073. **Antiquitez** et Histoires gauloises et françoises advenues en

Gaule, et ès annales de France, depuis l'an du monde IX. C. LXXXVII de J. C. tant pour le fait ecclesiastiq que politiq, recueillies par M. le président Fauchet. *Genève, P. Marceau*, 1611, in-4, vélin.   48 fr.

On trouve à la fin de cet ouvrage : Origines des dignitez et magistrats de France, 1611. Livre très-rare. La rel. est fatiguée.

3074. Apothéose du beau sexe. *Londres*, 1741, in-12, veau.   6 fr.

Frontispice gravé, bel exemplaire.

3075. Apothéose du Dictionnaire de l'Académie et son expulsion de la région céleste, ouvrage contenant cinquante remarques critiques sur ce dictionnaire. *La Haye*, 1696, pet. in-12, veau fauve, fil., tr. dor., front. gravé (Niedrée).   40 fr.

Ce livre n'est pas de Furetière, et il paraît être attribué à tort à P. Richelet qui y est fort critiqué. D'après D'Artigny, ce livre serait d'un ecclésiastique qui l'aurait fait à Lyon, dans le château de Pierre en Cise.

3076. Après Disnées du seigneur de Cholieres. *Paris*, 1587, in-12, br., papier de Hollande.   20 fr.

Réimpression à 100 exemplaires faite en 1863.

3077. Art des Coeffeurs (l') de Dames contre le mechanisme des perruquiers, poëme. *A la Toilette de Cythère*, 1769, in-8 de 16 pages. 4 fr.

Très-rare.

3078. Asselineau. L'Enfer du bibliophile. *Paris*, 1860, in-12, br.   10 fr.

Curieux petit livre devenu très-rare.

3079. Assemblé nationale comique, par A. Lireux. *Paris*, 1850, pet. in-4, br. (couvert. imprimée).   20 fr.

Bel exemplaire avec les dessins de Cham.

3080. Aubignac (abbé). La Pratique du théâtre. *Amsterdam*, 1715, 2 vol. in-12, veau anc.   10 fr.

Ouvrage nécessaire à ceux qui veulent composer des poèmes dramatiques et à ceux qui récitent en public.

3081. Avantages du mariage et combien il est nécessaire et salutaire aux prêtres et aux évêques de ce temps-ci d'épouser une fille chrétienne. *Bruxelles*, 1758, 2 tomes en 1 vol. in-12, veau.   10 fr.

Ouvrage rare, l'édition n'a pas été tirée à 100 exemplaires.

3082. Aventures divertissantes duc de Roquelaure, suivant les n. moires que l'auteur a trouvés da le cabinet du maréchal d'H..., d il a été secrétaire, donné au pul par le sieur L. R. (Leroy). *Par.. S. d.*, in-18, demi-rel.   5 fr.

3083. Auville (d'). Analyse de la Carte intitulée les Côtes de la Grèce et l'Archipel. *Paris, imp. royale*, 1757, in-4°, veau anc.   7 fr.

3084. Avis important au sexe ou Essai sur les corps balcinés pour former et conserver la taille aux jeunes personnes, par Reisser, tailleur pour femmes. *Lyon*, 1770, in-12, perc., non rog.   8 fr.

3085. Baisers de Zizi. Poëme par de Castera. *A Paphos*, 1786. — Caprices poétiques par M. Daillant de la Touches. *Londres*, 1784. Ensemble 2 ouv. réunis en 1 vol. in-18, veau antiq.   15 fr.

Bel exemplaire de ce petit livre, rare.

3086. Balzac. Les Cent Contes drolatiques colligez ès abbaies de Touraine. *Paris*, 1832, 2 vol. in-8, demi-rel.   20 fr.

3087. Balzac. Les Contes drolatiques. *Paris*, 1855, in-8, demi-rel.   20 fr.

Première édition avec les dessins de G. Doré.

3088. Banville (Th.). Poésies, Idylles prussiennes, 1870-1871. *Paris*, 1872, in-18, br.   3 fr. 50

3089. Baraiste. Histoire des ducs de Bourgogne. *Paris*, 1838, 12 vol. in-8, br., figures.   28 fr.

3090. Barbey d'Aurevilly. Un Prêtre marié. *Paris*, 1865, 2 vol. in-12, br.   6 fr.

3091. Barbier. Dictionnaire des ouvrages anonymes et pseudonymes. *Paris*, 1822, 4 vol. in-8, demi-rel. maroq., coins, tête dor., n. rog. 38 fr.

3092. Barrois. Eléments carlovingiens, linguistiques et littéraires. *Paris, Crapelet*, 1846, in-4, dos et coins maroq. bleu, tête dor., n. rog., fig.   25 fr.

Bel exemplaire, lavé et encollé, relié par Amand.

3093. Barthélemy et **Mery.** La Corbiéréide, poëme en quatre chants. *Paris*, 1827, in-8, br.   2 fr.

3094. Batrachomyomachie d'Homère, trad. en français par Berger de Xivrey. Edition augmentée de la Guerre comique, ancienne, imitation en vers burlesques. *Paris,* 1837, in-12, veau fauve, fil. 8 fr.
Charmante édition très-bien imprimée.

3095. Baudier (Michel). Histoire generale du serrail et de la cour du grand seigneur empereur des Turcs, ensemble l'histoire de la cour du roy de la Chine. *Lyon, Claude La Rivière,* 1652, pet. in-8, cart., n. rog., front. gravé. 30 fr.
Edition de la plus grande rareté, Brunet ne cite que l'édition de 1668.

3096. Beaux-Arts (les) réduits à un même principe. *Paris,* 1747, in-12, veau, fig. 4 fr.

3097. Belgrand. Les travaux souterrains de Paris. *Paris,* 1873-1877, 3 vol. gr. in-8, br. neuf, fig. dans le texte. 35 fr.
Contenant : La Seine, les eaux, aqueducs romains et les anciennes eaux.

3098. Belloguet (De). Ethnogenie gauloise. — Types gaulois et celto-bretons. — Glossaire gaulois. — Le Génie gaulois. — Les Cimmeriens. *Paris,* 1861-1873, 4 vol. in-8, demi-rel. maroq. vert, coins tête dor., n. rog. 50 fr.
Superbe exemplaire, lavé et encollé.

3099. Belot (Jean). Les OEuvres de Jean Belot, curé de Mil-Monts, professeur aux sciences divines et célestes. *Lyon,* 1655, pet. in-8, veau jaune. 12 fr.
Curieux traité de chiromancie.

3100. Beneton de Morange de Peyrins. Traité des marques nationales. *Paris,* 1739, in-12, demi-rel. veau fauve. 6 fr.

3101. Benjamin (de, Constant-Adolphe). Anecdote trouvée dans les papiers d'un inconnu. *Paris,* 1846, in-12, br. 4 fr. 50
Edition originale.

3102. Benvenuto Cellini. OEuvres complètes trad. par L. Leclanché. *Paris,* 1847, 2 tomes en 1 vol. in-12, demi-rel. maroq. 15 fr.

3103. Beranger. Chansons nouvelles et dernières, dédiées à Lucien Bonaparte. *Paris,* 1833, in-12, br. 4 fr.

3104. Bergier (Nicolas). Histoire des grands chemins de l'Empire romain. *Bruxelles,* 1736, 2 vol. in-4, demi-rel. maroq. du Levant, tr. peig. 48 fr.
Bel exemplaire avec les belles figures et les plans.

3105. Berington. Histoire littéraire des IXe et Xe siècles de l'ère chrétienne. *Paris,* 1846, in-8, br. 2 fr.

3106. Berington. Histoire littéraire des XIe et XIIe siècles de l'ère chrétienne. *Paris,* 1848, in-8, br. 2 fr.

3107. Berington. Histoire littéraire du XIIIe siècle de l'ère chrétienne. *Paris,* 1821, in-8, br. 2 fr.

3108. Berington. Histoire littéraire du XIVe siècle et de la moitié du XVe. *Paris,* 1822, in-8, br. 2 fr.

3109. Berington. Histoire littéraire des Arabes ou des Sarrazins pendant le moyen âge. *Paris,* 1823, in-8, br. 2 fr. 25

3110. Bernard Palissy. OEuvres complètes avec notes de Paul-Antoine Cap. *Paris,* 1844, in-12, br. 8 fr.
Rare.

3111. Bernardin de Saint-Pierre. OEuvres complètes, édit. revue par Aimé Martin. *Paris,* 1826, 12 vol. in-8, demi-rel. veau fauve. 32 fr.
Figures.

3112. Béroalde de Verville. Le Moyen de parvenir, œuvre contenant la raison de tout ce qui a esté est, et sera. (Nunc ipsa vocat res ; hac iter est.) *Æneide,* IX, 320. Imprimé ceste année, pet. in-12 de 64 pages, demi-rel., tr. dor. 45 fr.
Parmi les éditions sans date du Moyen de parvenir, celle-ci est peut-être la plus ancienne de toutes, car il est à remarquer qu'à mesure qu'on réimprimait ce livre, on cherchait à diminuer le nombre des pages, afin d'économiser sur l'impression.

3113. Bibliothèque critique, ou Recueil de diverses pièces critiques dont la plupart ne sont point imprimées ou ne se trouvent que très-difficilement, publiés par M. de Sainjore. *Amsterdam,* 1708, 4 vol. in-12, veau anc. 12 fr.

3114. Bibliothèque en miniature, in-32, br. (1826) :
Voyages de Gulliver, 4 vol. 6 fr. 50

Œuvres de Malfilatre.   1 fr. 50
Parny. Œuvres choisies, 2 vol.   5 fr.
Bernard. Œuvres choisies,   2 fr.
Satire menippée.   2 fr. 50
Boufflers. Œuvres choisies, 2 vol·
                    4 fr.
Bertin. Œuvres complètes, 2 vol.
                    4 fr.
Voltaire, poésies diverses, 2 vol.
(tachés).   3 fr.

3115. Bièvre (Marquis de). Lettre écrite à madame la comtesse Tation par le sieur de Boisflotté, étudiant en droit fil. *Amsterdam,* 1770, in-8, rel veau.   12 fr.

Curieux pour ses calembourgs, une jolie gravure et une vignette, costumes de l'époque.

3116. Bigarrures du seigneur des Accords, avec les Apophthegmes du seigneur Gaulard, et les Escraignes dijonnoises. *Poitiers,* 1606, et *Lyon* 1608, 3 part. en 1 vol. in-16, maroq. fauve, à comp., tr. dor. 60 fr.
Reliure originale.

3117. Blanc (Charles). Histoire des peintres, *Ecole vénitienne. Paris, Renouard,* 1873, in-4, br. neuf. 25 fr.

3118. Blançay, par l'auteur du Nouveau Voyage sentimental. *Paris,* 1792, 2 parties en 1 vol. in-18, veau, tr. dor.   6 fr.
Histoires amusantes.

3119. Blasons. Poésies anciennes des xve et xvie siècles, par M*** (Méon). *Paris,* 1809, in-8, br., non rog.   30 fr.
Edition avec le supplément des pages 53 à 64 (pièces sotatiques).

3120. Bocace (Jean). Le Decameron, trad. de l'italien en français. *Paris,* 1662, in-8, veau ancien.   30 fr.
Bonne édition.

3121. Boccace (Jean). Nouvelles, trad. libre par Mirabeau. *Paris,* 1802, 8 tomes en 4 vol. in-18, rel., fig.   15 fr.

3122. Boethii de consolatione philosophiæ Libri quinque. *Parisiis.* 1783, in-12, maroq. rouge anc., tr. dor.   10 fr.
Bel exemplaire.

3123. Boileau. Œuvres diverses du sieur D*** (Boileau). *Paris, chez Denis Thierry,* M.DCLXLII (*sic*), in-12, cart.   15 fr.
Cette édition a 214 pages de texte, non compris la préface et la table, et est suivie de la xe Satire, de l'Ode sur la prise de Namur et de la Satire contre les gens d'église.

3124. Bois - Jourdain. Mélanges historiques, satiriques et anecdotiques, contenant des détails ignorés ou peu connus sur les événements et les personnes marquantes de la fin du règne de Louis XIV, des premières années de celui de Louis XV et de la Régence. *Paris,* 1807, 3 vol. in-8, br.   35 fr.
Rare. Le nom de Bois - Jourdain est un pseudonyme.

3125. Bonnardot. Etudes archéologiques sur les anciens plans de Paris des xvie, xviie et xviiie siècles. *Paris,* 1851. — Dissertations archéologiques sur les anciennes enceintes de Paris. *Paris,* 1852, in-4, dos et coins de maroq. grenat, tête dor., non rog. (Belz Niedrée).   80 fr.
Ces deux ouvrages sont fort recherchés; notre exemplaire est en grand papier vergé, tiré à 26 exemplaires. Envoi d'auteur. 12 planches gravées.

3126. Bonnellier (Hip.). Nostradamus. *Paris,* 1834, 2 vol. in-8, br.   6 fr. 50
2 vignettes, genre romantique, gravées à l'eau-forte par Boisselat.

3127. Bonnier. Recherches sur l'ordre de Malte, et Examen d'une question relative aux Français. *Paris,* an VI, in-8, demi-rel.   6 fr.

3128. Bossuet. Discours sur l'histoire universelle, précédé d'une notice littéraire par M. Tissot. *Paris, L. Curmer,* 2 vol. gr. in-8, br.   15 fr.
Texte encadré et jolies gravures sur acier.

3129. Bouquet historial (le), recueilly des meilleurs autheurs. *Paris,* 1664, in-12, veau.   3 fr. 50
Rare.

3130. Boyer. Le Grand Théâtre de l'honneur et de la noblesse, en anglais et en français. *Londres,* 1758, in-4, veau.   40 fr.
Bel exemplaire en grand papier, aux armes du marquis de Lagrange. Ouvrage enrichi de 40 planches de blasons.

3131. Breviari d'amor de Matfre Ermengaud, suivi de sa lettre à sa sœur, publ. par la Société arch. de Béziers; intr. et glossaire, par Azaïs. *Béziers, s. d.,* 2 vol.

gr. in-8, dos et coins maroq. brun, tête dor., non rog., fig. 25 fr.
Le tome II est broché. Cet ouvrage n'est pas terminé ; nous avons ce qui a paru.

3132. **Brillat-Savarin.** Physiologie du goût, précédée d'une notice par Alp. Karr. *Paris*, 1864, gr. in-8, demi-rel. 10 fr.
Dessins de Staal sur chine.

3133. **Bullet.** Mémoires sur la langue celtique. *Besançon*, 1754-1760, 3 vol. in-fol., br. 75 fr.
Très-bel exemplaire dans sa brochure originale. Les tomes II et III forment le *Dictionnaire celtique.*

3134. **Bussy - Rabutin.** Lettres. *Paris*, 1697, 2 tomes en 1 vol. pet. in-8, vélin, portr. 8 fr.

3135. **Cadet Gassicourt.** Mon Voyage ou Lettres sur la ci-devant province de Normandie. *Paris*, an VII, 2 tomes en 1 vol. in-12, veau. 6 fr.

3136. **Campagne** de 1815, ou Relation des opérations militaires qui ont eu lieu en France et en Belgique pendant les Cent Jours. *Paris*, 1818, in-8, br. 2 fr. 50

3137. **Campagne** de Monsieur le Dauphin. *Paris, Michel Guerout*, 1688, in-12, vélin. 6 fr.
Ouvrage donnant le nom des officiers qui servaient dans l'armée du Dauphin.

3138. **Canel.** Recherches sur les jeux d'esprit et les singularités et les bizarreries littéraires, principalement en France. *Evreux*, 1867, 2 vol. in-8, demi-rel. maroq. rouge, coins, tête dor., non rog. 30 fr.
Très-rare, papier vergé.

3139. **Cantatrice grammairienne** (la) ou l'Art d'apprendre l'orthographe françoise seul, sans le secours d'un maître, par le moyen des chansons érotiques, pastorales, villageoises, par l'abbé Barthelemy. *Paris*, 1788, in-8, demi-rel. 20 fr.

3140. **Cantiques** du sieur du Valagre, et les Cantiques du sieur de Maisonfleur. En ceste dernière édition on été adjoustées les Larmes de Jésus-Christ, les Pleurs de la Vierge, les Larmes de saint Pierre, de la Madeleine, etc. *Rouen, rue du Petit-Val*, 1602. — Les Quatrains du sieur de Pybrac, avec les plaisirs de la vie rustique, par le même. *Rouen*, 1602.

Ensemble 2 ouvrages en 1 vol. in-12, vélin à recouv. 70 fr.
Bel exemplaire dans sa première reliure.

3141. **Catalogue** des gentils-hommes qui ont pris part ou envoyé leur procuration aux assemblées de la noblesse pour l'élection des députés aux Etats généraux de 1789, publié, d'après les procès-verbaux officiels, par Louis de la Roque et Ed. de Barthelemy. *Paris*, 1862, 32 liv. in-8. 65 fr.
Collection rare, complète. Exemplaire en très-bon état.

3142. **Catalogue** d'une très-riche, mais peu nombreuse, collection de livres provenant de la bibliothèque de feu monsieur le comte de Fortsas. *Mons, s. d.*, in-8, br. — Documents et particularités historiques sur le catalogue du comte de Fortsas. *Mons*, 1856, gr. in-8, br. 25 fr.
Piquante mystification bibliographique.

3143. **Ceriziers** (de la compagnie de Jésus). L'Innocence reconnue. *Paris*, 1639, pet. in-8, vélin. 15 fr.
Très-rare.

3144. **Chabrillan** (de). La Sapho. *Paris*, 1858, in-12, demi-rel. 3 fr.

3145. **Champfleury.** Grandes Figures d'hier et d'aujourd'hui, Balzac, G. de Nerval, Wagner, Courbet. *Paris*, 1861, in-12, br. 6 fr. 50
Portraits à l'eau-forte.

3146. **Chanson de Roland**, poëme de Theroulde, texte critique, accompagné d'une trad. par Genin. *Paris, imp. nation.*, 1850, gr. in-8, demi-rel. maroq., n. rog. 38 fr.
Très-rare.

3147. **Charron** De la Sagesse. *Leide, chez Jean Elsevier*, 1656, in-12, maroq. rouge, tr. dor. 35 fr.
Bel exemplaire.

3148. **Chasles** (E.). Nouveaux Contes de tous pays. *Paris, s. d.*, gr. in-8, demi-rel. chagr. 6 fr. 50
Beaux dessins de Staal.

3149. **Chassant.** Paléographie des chartes et des manuscrits du xie au xviie siècle. *Paris*, 1866, in-12, cart., non rog. 18 fr.
Nombreuses planches, pap. vergé.

3150. **Chats** (Les). Extraits de pièces rares et curieuses, recueillies par

Jean Gay. *Paris.* 1866, in-12, br., papier de Hollande. 8 fr.

Rare, tiré à 300 exemplaires.

3151. **Chef-d'œuvre** d'un inconnu, poëme heureusement découvert et mis au jour par Chrisostome Matanasius (saint Hyacinthe). *Lausanne,* 1754, 2 tomes en 1 vol. pet. in-8, veau. 10 fr.

3152. **Chevaliers** (les) errans et le Génie familier. *Amsterdam,* 1710, in-12, veau anc. 4 fr.

3153. **Chevallet.** Origine et Formation de la langue française. *Paris, imp. impér.,* 1853, 3 vol. gr. in-8, demi-rel. maroq bleu, coins, tête dor., n. rog. 55 fr.

Très-bel exemplaire lavé et encollé, envoi d'auteur.

3154. **Chevrier** (de) Œuvres complètes. *Londres* (*Bruxelles*), 1774, 3 vol. in-12, veau anc. 20 fr.

Contenant : le Colporteur, les Amusements des dames de B***, etc., etc. Très-rare.

3155. **Choisy** (abbé de). Mémoires pour servir à l'histoire de Louis XIV. *Utrecht,* 1727, in-12, veau. 5 fr.

3156. **Choix de poésies** contemporaines, précédées d'une histoire de la poésie moderne, par J. Janin. *Paris,* 1829, in-18, demi-rel., n. rog. 10 fr.

Ces poésies sont de Chenier, C. Delavigne, Ch. Nodier, A. de Vigny, etc.

3157. **Chroniqueur désœuvré** (le) ou l'Espion du boulevard du Temple, par Mayeur de Saint-Paul. *Londres,* 1782, in-8, demi-rel. 7 fr.

Curieux livre pour ses annales scandaleuses et véridiques des directeurs, acteurs et saltimbanques du boulevard.

3158. **Classiques de la Table**, petite bibliothèque des écrits les plus distingués, publiés sur la gastronomie et la vie élégante. *Paris, s. d.,* 2 vol. in-8, perc. 12 fr.

Nombreuses figures en noir et en couleur, par Delaroche, Johannot, Gavarni, etc.

3159. **Classiques français**, publiés par Lefèvre, in-8, *br. neufs.*
Fléchier. Oraisons funèbres. 8 fr.
Montaigne. Essais, 5 vol. 50 fr.
Montesquieu. 8 vol. 75 fr.
Pascal. Pensées. 8 fr.
Pascal. Provinciales. 8 fr.
Fénelon. Télémaque, 2 vol. 16 fr.

3160. **Clavel.** Histoire pittoresqu de la Franc-Maçonnerie et des Sociétés secrètes anciennes et modernes. *Paris,* 1843, gr. in-8, dem maroq., tête dor., non rog. 30 fr

Bel exemplaire avec de nombreuses figures sur acier.

3161. **Clé du caveau** à l'usage de tous les chansonniers français. *Paris, s. d.,* in-8, obl., demi-rel chagr., airs notés. 25 fr.

3162. **Code de l'amour**, ou les Décisions de Cythère. *Amsterdam,* 1776, 2 vol. in-12, veau, br. 10 fr.

Très-rare.

3163. **Coeffeurs** (Les) de dames contre ceux des messieurs. *Paris,* 1739, in-8, br. (16 pages). 4 fr.

3164. **Colardeau.** Œuvres. *Paris,* 1779, 2 vol. in-8, veau écail., fil., tr. dor. 70 fr.

Très-bel exemplaire en grand papier de Hollande, figures de Monnet.

3165. **Coligny** (amiral Gaspard de). Testament olographe (1569). Notice et fac-simile. *Paris,* 1853, br. in-8. 2 fr.

3166. **Comedie facecieuses** de Pierre de Larivey (Champenois). *Rouen, de l'imprimerie de Raphaël du Petit-Val,* 1601, in-12, veau, tr. dor. 40 fr.

2e édition, 7 ff. prél. et 620 pages : le Laquais, la Vefve, les Esprits, le Morfondu, les Jaloux, les Escolliers.

3167. **Commines** (Philippe de). Mémoires. *Paris, Augustin Courbé,* 1664, in-12, veau anc. 8 fr.

Exemplaire défectueux : cassure à un feuillet, et la dernière page de la table manque.

3168. **Compères** (les) et les Bambins, lubie d'Aristenète. *Paris,* 1807, in-12, cart., n. rog. 6 fr.

Exemplaire avec dédicace de Nogaret à son ami le chevalier de Saint-Amand.

3169. **Complainte** et Enseignements de François Garin. *Paris,* 1832, in-8, br. 4 fr.

Très-rare.

3170. **Comptes** de la venerie et fauconnerie du roi Charles VIII. 4 fr.

4 portraits chromo-litho, 2 vues et un fac-simile; tiré à 50 exemplaires et non mis dans le commerce.

3171. **Confidences** (les) d'une jolie femme, par Mlle d'Albert. *Paris,*

1775, 4 tomes en 2 vol. in-12, veau.
10 fr.

Ouvrage ayant pour but de montrer les maux qu'entraîne une éducation négligée.

3172. Construction d'une Notre-Dame au XIIIe siècle, suivie de l'OEuvre de l'Eglise de Troyes au XIVe siècle. *Paris*, 1858, in-12, br., pap. vergé. 5 fr.

3173. Contes et Nouvelles de Marguerite de Valois, reine de Navarre. *Amsterdam*, 1708, 2 vol. in-12, demi-rel. 18 fr.

Figures de Romain de Hooge; manque le titre du tome II.

3174. Contes (les) du sieur d'Ouville. *Amsterdam*, 1732, 2 vol. in-12, veau anc. 25 fr.

Edition complète de ces Contes amusants, le titre du tome Ier manque.

3175. Coquillart (Guillaume). Les Poésies. *Paris, Coustelier*, 1723, in-12, veau anc. 8 fr.

De la collection Coustelier.

3176. Corneille. OEuvres complètes, nouv. édit. publiée par Regnier. *Paris, Hachette*, 1862, 12 vol. in-8, br. 60 fr.

De la collection des grands écrivains.

3177. Corneille. Théâtre. *Paris*, 1747, 6 vol. in-12, veau anc. 15 fr.

3178. Corneille Blessebois. OEuvres satiriques. *Leyde*, 1867, 2 vol. pet. in-8, demi-rel. maroq., n. rog. 48 fr.

Front. grav. à l'eau-forte. Cette édition contient l'Eugénie, Marthe le Hayer, Filon, le Rut, l'Almanach des belles, pour l'année 1676.

3179. Corneille Blessebois. Notes sur sa vie et ses ouvrages. *S. L.*, 1866, in-8. br. 4 fr.

Tiré à 30 exemplaires.

3180. Correspondance de madame Gourdan, dite la Comtesse, avec un Recueil de chansons a l'usage des soupeurs de chez madame Gourdan. *Londres*, 1784, in-18, demi-rel. maroq., coins. 12 fr.

3181. Correspondance du roi Charles IX, et du sieur de Maudelot, pendant l'année 1572, époque du massacre de la Saint-Barthelemy. *Paris, Crapelet*, 1830, in-8, br. 3 fr. 50

3182. Cosmopolite (le Petit) ou Recueil des costumes de différents peuples. *Paris, Martinet*, in-4, cart., non rog. 100 fr.

Ce recueil contient 100 planches coloriées de costumes des divers pays tant français qu'étrangers : il a été publié vers 1820.

3183. Costantinopoli effigiata e descritta. *Torino*, 1840, 2 vol. in-4, demi-rel. veau. 35 fr.

Ouvrage remarquable par ses belles figures anglaises.

3184. Courrier dévalisé (le), publié par Ginifaccio Spironcini. *Villefranche*, 1644, in-18, perc. 10 fr.

Ouvrage satirique contre les religieux et les princes italiens. Très-rare.

3185. Courtisan désabusé, ou Pensées d'un gentilhomme qui a passé la plus grande partie de sa vie à la cour et à la guerre. *Paris*, 1675, in-12, veau anc. 5 fr.

3186. Courtisane vertueuse. Histoire véritable. *Lyon*, 1786, in-12, demi-rel. 5 fr.

3187. Cousin de Mahomet (le) par Fromaget. Histoire galante, (*Constantinople, Paris*), 1796, 2 tomes en 1 vol. in-18, veau. 5 fr.

Exemplaire taché.

3188. Crevier. Histoire des empereurs romains depuis Auguste jusqu'à Constantin. *Paris*, 1754, 2 vol. in-4, veau fauve, fil., cart. 15 fr.

Sur le dos des volumes on voit le chiffre de la bibliothèque de *Fouquet*, continuée par les Jésuites.

3189. Critique générale des Avantures de Telemaque, par Geudeville. *Cologne, chez les héritiers Pierre Marteau*, 1700, in-12, veau. 5 fr.

3190. Curiosité dangereuse. Nouvelle galante, par Braydore, par Roberday de Gissey. *Paris*, 1698, in-12, veau, fig. 8 fr.

« On veut montrer dans cette nouvelle, dit l'abbé Lenglet-Dufresnoy, que les mères ne doivent point laisser aller leurs filles seules en pèlerinage et aux promenades, etc. ; » très-rare.

3191. Curne de Sainte-Palaye (de la). Mémoires sur l'ancienne chevalerie, considérée comme un établissement politique et militaire. *Paris*, 1781, 3 vol. in-12, veau. 16 fr.

Bel exemplaire.

3192. Cuvelier. Nouvelles, contes, historiettes, anecdotes et mélanges. *Paris*, 1808, 2 vol. in-8, demi-rel. 8 fr.

3193. **Cyrano Bergerac**. OEuvres diverses. *Lyon,* 1663, in-12, demi-rel. 7 fr.

3194. **Danse des morts** (la) comme elle est depeinte dans la louable et celebre ville de Basle, pour servir d'un miroir de la nature humaine. *Basle,* 1756, in-4, cart. 18 fr.
Les figures dessinées et gravées sur l'original de Meriau sont très-originales.

3195. **David Blondel**. Des Sibylles celebrées tant par l'antiquité payenne que par les saincts Pères. *Se vendent à Charenton,* 1649, in-4, veau. 25 fr.
Bel exemplaire, rare.

3196. **Déal**. Dissertation sur les Parisii ou Parisiens, et sur le culte d'Isis chez les Gaulois. *Paris,* 1826, in-8, br. 4 fr.

3197. **Debat** de deux demoyselles, l'une nommée la Noyre et l'autre la Tannée, suivi d'autres poësies du xvᵉ siècle, avec notes et glossaire. *Paris,* 1825, in-8, br. 8 fr.

3198. **De Bure**. Bibliographie instructive, ou Traité de la connaissance des livres rares et singuliers. *Paris,* 1763-1768, 7 vol. — Supplément à la Bibliographie instructive, ou Catalogue des livres du cabinet de Louis-Jean Gaignot. *Paris,* 1769, 2 vol. Ens. 9 vol. in-4, veau fauve, fil. (armoiries sur les plats). 60 fr.

3199. **De la Mare**. Traité de la police. *Paris,* 1705, 4 vol. in-fol., veau. 35 fr.
Ouvrage accompagné de 7 plans de l'ancien Paris.

3200. **Delécluze**. Les Satires de Salvator Rosa. *Paris,* 1840, in-8, br. 2 fr. 50
Envoi autographe de l'auteur.

3201. **Delvau** (Alfred). Histoire de la révolution de Février. *Paris,* 1850, in-8, br., très-propre. 20 fr.
Livre devenu très-rare.

3202. **Delvau** (A.). Les Plaisirs de Paris. *Paris,* 1867, in-12, perc., fig. 4 fr. 50

3203. **Demoustier**. Lettres à Emilie sur la mythologie. *Paris,* 1792, 6 vol. in-8, demi-rel. 15 fr.
Figures de Queverdo.

3204. **Demoustier**. Lettres à Emilie sur la mythologie. *Paris,* 1812, 6 tomes en 3 vol. in-18, veau, fig. 6 fr.

3205. **Desbordes-Valmore**. Poésies inédites, publiées par G. Révilliod. *Paris,* 1860, in-8, br. 4 fr.

3206. **Double Bamboche** (la) en prose et en vers, ou Recueil d'anecdotes, farces, espiègleries, par un ami de la joie. 4 fr.

3207. **Description** de tous les Pais-Bas, autrement appellés la Germanie inférieure ou basse Allemagne, par messire Louis Gvicciardin. *Anvers, Christophle Plantin,* 1682, in-fol. 20 fr.
Rare, une carte, mouillure à un feuillet.

3208. **Deschamps** (E.). Poésies morales et historiques, publiées par Crapelet. *Paris,* 1832, gr. in-8, pap. vélin, cart., n. rog. 23 fr.
Exemplaire en grand papier.

3209. **Desloges**. Les enfants trouvés, des femmes publiques, et des moyens à employer pour en diminuer le nombre. *Paris,* 1836, in-8, br. 2 fr.

3210. **Desmolets et l'abbé Goujet**. Mémoires de littérature et d'histoire. *Paris,* 1749, 11 vol. in-12, veau fauve. 50 fr.
Bel exemplaire.

3211. **Desportes**. Les premières OEuvres. *Rouen, rue du Petit-Val,* 1600, 2 vol. in-18, veau. 15 fr.
Exemplaire court de marges.

3212. **Desportes** (Philippe, abbé de Thiron). OEuvres. *Rouen,* 1611, in-12, vélin. 20 fr.

3213. **Description** nouvelle de la cathédrale de Strasbourg et de sa fameuse tour, contenant ce qui s'est passé depuis sa construction, trad. de l'allemand par Bohm. 1743, in-12, demi-rel. 8 fr.
Ouvrage recherché pour ses curieuses gravures.

3214. **Description** des curiosités des églises de Paris et des environs, par Antoine-Martial Le Fevre, prêtre de Paris. *Paris,* 1759, pet. in-8, vélin. 10 fr.
Contenant de nombreuses figures et des détails sur la fondation de ces églises, leurs trésors, peintures, tombeaux, etc.; on a relié dans le même volume une description *de l'église de Paris.*

3215. **Dialogue** aux enfers entre Machiavel et Montesquieu, ou la Politique de Machiavel au xixᵉ siècle (par Maurice Joly). *Bruxelles*, 1868, in-12, br.   4 fr.

3216. Dictionnaire des Halles, ou Extrait du dictionnaire de l'Académie françoise. *A Bruxelles, chez Foppens*, 1696, pet. in-12, maroq. brun, fil., dent., tête dor., non rog. (Raparlier).   60 fr.
Très-rare.

3217. Diogène conteur, ou les Lunetes (*sic)* de vérité, suivies de la Bibliotéque naturéle et d'un recueil de contes et de poésies. *S. l.*, 1764, pet. in-8, br.   5 fr.

3218. Diverses Leçons de Pierre de P. Messie, gentilhomme de Séville, cont. variables histoires, mises eu françois par Cl. Gruget, Parisien. *Paris, Micard*, 1572, 2 part. en 1 vol. in-16, veau fauve.   18 fr.

3219. Domenech. Histoire du Mexique, Juarez et Maximilien. *Paris*, 1868, 3 vol. in-8, br.   9 fr.

3220. Duguet. Choix des traités de morale chrétienne. *Paris, Techener*, 1858, 2 vol. in-18, demi-rel. cuir de Russie, coins, tête dor., n. rog.   18 fr.
Charmante édition bien imprimée sur papier vélin.

3221. Dulaurens. Le Balai, poëme héroï-comique en XVIII chants. *La Haye*, 1763, in-18, rel.   4 fr. 50
Rare.

3222. D'une Peste au Païs de Cocquaigne. Cette cronicque a esté translatée en prose par dom Ed. O'Farell. *Paris, Jouaust*, in-12, br., pap. vergé.   3 fr. 50
Tiré à 200 exemplaires.

3223. Discours de M. le comte de Bismarck, avec sommaires et notes. *Berlin, s. d.*, 2 vol. gr. in-8, br.   8 fr.

3224. Chasse illustrée (la). Journal des chasseurs et la vie à la campagne, de l'origine à fin 1877, 10 années, in-fol., br.   170 fr.
Cette collection publiée à 30 francs l'année est rare complète.

3225. Encyclopédie moderne; dictionnaire des sciences, des lettres et des arts, publiée par F. Didot. *Paris*, 1851, 27 vol. in-8 de texte et 3 vol. d'atlas, rel. en demi-veau, n. rog.   35 fr.

3226. Epistolæ Pauli et aliorum apostolorum ad Græcam veritatem castigate, et per reverendissimum dominum dóminum Thomam de vio Caietanum, cardinalem sancti Xisti, juxta sensum literalem enarratæ. Recens in lucem editæ *Parisiis, Jehan Petit*, 1540, in-fol.   25 fr.
Titre gravé sur bois.

3227. Epistre de Cleriande la Romayne à Reginus son concitoien, translatée de latin en françoys par Macé de Villebresme, l'ung des gentilz hommes de la chambre du Roy, d'après les manuscrits avec des notes par Guiffrey. *Paris*, in-8, br.   5 fr.

3228. Erasme Eloge de la Folie, trad. du latin par Gueudeville. *S. l.*, 1757, in-12 veau, fig.   4 fr. 50

3229. Escoliers (les), comédie en 5 actes et en vers, par François Perrin. *Bruxelles, Mertens*, 1866, in-12, br.   10 fr.
Réimpression textuelle de l'édition de Paris; C. Chaudière, 1556, et précédée d'une notice sur l'auteur par Paul Lacroix; tiré à 106 exemplaires.

3230. Esprit (l') de Fontenelle, ou Recueil de pensées tirées de ses ouvrages. *La Haye*, 1744, in-12, veau.   4 fr.

3231. Esprit de M. de Voltaire. *S. l.*, 1759, in-8, veau.   3 fr.

3232. Essai historique, critique, philologique, politique, moral, littéraire et galant sur les lanternes, leur origine, leur forme, leur utilité, etc. *A Dôle*, 1755, in-12, br., n. rog. 8 fr.
Curieux volume.

3233. Essais sur divers sujets de littérature et de morale. *Paris, Briasson*, 1735, 2 tomes en 1 vol. in-12, veau (aux armes).   5 fr.

3234. Œuvres françoises de Joachim du Bellay, gentilh. angevin, augm. de plusieurs poésies non encore auparavant impr. *Paris, Abel L'Angelier*, 1584, in-12, vélin.   60 fr.
Grand de marges.

3235. Estoile (Pierre de l'). Mémoires pour servir à l'histoire de France depuis 1515 jusqu'en 1589. *Cologne,*

1719, 2 vol. pet. in-8, portr. et fig.,
veau.   20 fr.

3236. Estourmel (comte d'). Souvenirs de France et d'Italie dans les années 1830, 1831 et 1832. *Paris*, 1848, in-12, demi-rel.   12 fr.
Très-rare.

3237. Etablissements généraux de bienfaisance placés sous le patronage de l'Impératrice. — Monographies présentées à Sa Majesté par M. le marquis de la Valette. *Paris, imp. impériale*, 1866, gr. in-fol., br. 40 fr.
Superbe ouvrage imprimé à grand luxe avec de nombreuses eaux-fortes tirées sur chine.

3238. Etrennes gaillardes dédiées à ma commère. Recueil nouveau de contes en vers, de chansons, d'épigrammes, etc. Lampsaque (*Paris*), 1784, in-18, demi-rel. veau fauve.   8 fr.
Curieux petit livre renfermant 86 pièces amusantes.

3239. Etudes sur Molière. Le Tartuffe par ordre de Louis XIV ; le véritable prototype de l'Imposteur : recherches nouvelles, pièces inédites, publiées par Louis Lacour. *Paris*, 1877, in-16, br.   15 fr.
Tiré à 20 exemplaires sur papier de Chine, avec eau-forte en trois états, dont deux avant la lettre.

3240. Fables héroïques, renfermant les plus saines maximes de la politique et de la morale, par Audin, avec des Discours historiques, par Bruzen La Martinière. *Amsterdam*, 1754, 2 vol. pet. in-8, rel. veau.   10 fr.
Portrait et figures à mi-pages.

3241. Fabre d'Olivet. Le Troubadour, poésies occitaniques du XIIIᵉ siècle. *Paris*, 1804, 2 vol. in-8, br.   20 fr.

3242. Fabre (F.). Scènes de la vie rustique. *Le Chevrier, Paris*, 1867, in-8, br.   3 fr. 50

3243. Facéties agréables, ou Recueil de Contes historiques et comiques. *Paris*, 1794, 2 tomes en 1 vol. in-12, demi-rel.   9 fr.
Livre des plus amusant, contenant entre autres contes l'Amant de Paris et l'Amoureux d'Espagne, l'Adieu à la Conti, l'Embarras d'être fille, etc., 2 figures.

3244. Farfalla (la), ou la Comédienne convertie, par le R. P. Michel-Ange.

Marin, Avignon, 1762, 2 tomes en 1 vol. in-12, cart.   6 fr.
Romans mystiques.

3245. Fétis. La Musique mise à la portée de tout le monde. *Paris, s. d.,* in-12, demi-rel.   3 fr. 50.

3246. Femmes des douze Césars, contenant la vie et les intrigues secrètes des impératrices et femmes des premiers empereurs romains, par de Serviez, dédié à Mgr le duc de Chartres. *Paris*, 1720, in-8, veau.   7 fr.

3247. Fénelon. Avantures de Télémaque, fils d'Ulysse, ou Suite du quatrième livre de l'Odyssée d'Homère, suivant la copie de Paris. *A La Haye, Ad. Moetjens,* 1699, in-18, maroq. rouge, tr. dor.   35 fr.
Contrefaçon exacte de l'édition originale, livre rare et recherché.

3248. Fénelon. Avantures de Télémaque. *Paris, Mallet, s. d.,* gr. in-8, demi-rel., n. rog.   8 fr.
Nombreuses figures.

3249. Feugère (Léon). Etude sur les œuvres d'Agrippa d'Aubigné. *Paris*, 1855. in-8, br.   3 fr.

3250. Filles femmes (les) et les Femmes filles, ou le Monde changé, conte qui n'en est pas un, par Simien. — Les Quinze Minutes, ou le Temps bien employé, conte d'un quart d'heure. *Au Parnasse, chez les libraires associés,* 1751, in-12, veau, fil.   9 fr.
Très-rare.

3251. Fiorella, ou l'Influence du cotillon, faisant suite aux Trois Gil-Blas, histoire pour les uns, roman pour les autres, par Lamartelier. *Paris*, 1802, 4 tomes en 2 vol. in-12, veau, 4 fig.   8 fr.

3252. Flaxman (John). Œuvres comprenant l'Iliade et l'Odyssée, tragédies d'Eschyle ; Œuvre des jours et la Theogonie, d'Hésiode, auxquelles on a joint les tragédies de Sophocle, par Giacomelli. *Paris, Morel,* in-fol., demi-rel. chagr., n. rog.   30 fr.
150 planches gravées au trait.

3253. Fleury. Histoire ecclésiastique. *Paris*, 1730, 36 vol. in-4, rel. veau.   40 fr.
Bon exemplaire.

3254. Florian. Numa Pompilius, se-

cond roi de Rome. *Paris, Renouard,* 1820, in-12, br. 4 fr.
Exemplaire sur papier rose, figures de Desenne.

3255. **Formulaire** fort recréatif de tous contracts, donations, testaments, codicilles et autres actes qui sont faicts et passez par devant notaires et temoings, fait par Bredin le Cocu (Benoist du Troncy). *Lyon,* 1610, in-16, cart., n. rog. 15 fr.
Réimpression de la collection des Joyeusetés, tirée à 76 exemplaires.

3256. **Fournel** (V.). Du rôle des coups de bâton dans les relations sociales. *Paris,* 1858, in-18, br. 1 fr. 50

3257. **Fournier** (Ed.). Le Vieux Neuf, histoire ancienne des inventions et découvertes modernes. *Paris,* 1877, 3 vol. in-12, demi-rel. maroq. noir, tête dor., n. rog. 26 fr.

3258. **Fournier**. L'Esprit dans l'histoire, recherches et curiosités sur les mots historiques. *Paris,* 1860, in-12, br. 12 fr.
Exemplaire en grand papier vélin.

3259. **Franklin**. Etude historique et topographique sur le plan de Paris de 1540, dit plan de tapisserie. *Paris,* 1869, pet. in-8, br. 4 fr.

3260. **Franqueville**. Du Régime des travaux publics en Angleterre. *Paris,* 1874, 4 vol. in-8, br. 16 fr.

3261. **Froissart.** Chroniques publiées par Simon Luce. *Paris,* 1869-1873, 5 tomes en 6 parties, in-8, br. neuf. 48 fr.
Rare, de la collection de la Société de l'histoire de France.

3261 *bis*. **Galerie** électorale de Dusseldorf, ou Catalogue raisonné et figuré de ses tableaux. *Basle,* 1778, 1 vol. in-fol. de texte et 1 vol. de planches. 80 fr.
Ouvrage devenu rare, 30 planches contenant 365 petites estampes gravées d'après les tableaux par Chrétien de Mechel. Bonnes épreuves.

3262. **Galerie** historique des acteurs français, mimes et paradistes qui se sont rendus célèbres dans les annales des scènes secondaires depuis 1760 jusqu'à nos jours (complément de la troupe de Nicolet). *Lyon,* 1877, in-8, br., pap. vergé. 50 fr.
Beaux portraits gravés à l'eau-forte par Fuyère.

3263. **Gallerie** (la) des femmes fortes, par le Père Le Moyne. *Paris,* 1663, in-12, veau. 8 fr.
Ouvrage recherché pour ses nombreux portraits.

3264. **Gamologie** (la), ou de l'Education des filles destinées au mariage, par de Cerfvol. *Paris,* 1772, 2 parties en 1 vol. in-12, veau. 10 fr.

3265. **Garrick**, ou les Acteurs anglais. *Paris,* 1770, in-12, br. 5 fr.
Rare, ouvrage contenant des observations sur l'art dramatique, sur l'art de la représentation et le jeu des acteurs.

3266. **Garsault** (de). Le Guide du cavalier. *Paris,* 1770, in-12, veau. 6 fr.
Figures gravées sur acier.

3267. **Gascon** (le) de la rue Saint-Denis, ou Histoire de mon père. *Paris,* 1803, 4 tomes en 2 vol. in-12, veau, fig. 7 fr. 50

3268. **Gatien-Arnoult**. Monuments de la littérature romane depuis le xıve siècle. *Toulouse,* 1849, 4 vol. gr. in-8, dos et coins de maroq. bleu, tête dor., n. rog. 50 fr.
Las Leys d'Amors, traduction avec le texte en regard de MM. d'Aguilard et d'Escouloubre, revue par Gatien-Arnoult, 3 vol. — *La Joyas del gay Saber,* traduction avec texte par le docteur Noulet. *Bel exemplaire lavé et encollé.*

3269. **Gauchet** (Claude). Le Plaisir des champs avec la vénerie, volerie et peschcrie. *Paris,* 1869, in-8, papier vergé. 10 fr.
Belle réimpression revue et annotée par M. Prosper Blanchemain.

3270. **Gaudriole**, conte par M. D***. *Paris,* 1806, in-12, demi-rel. 6 fr.

3271. **Gavarni**. Masques et Visages. *Paris,* 1857, pet. in-8, br. 5 fr.
Première édition.

3272. **Gavarni**. Masques et Visages. *Paris,* 1868, gr. in-8, perc. 13 fr.
Edition recherchée.

3273. **Gay** (Delphine). Essais poétiques. *Paris,* 1824, in-8, tr. dor. 12 fr.
Bel exemplaire de l'édition originale, suivi du dernier jour de Pompeï et de diverses poésies du même auteur.

3274. **Gay** (Mme Sophie). Souvenirs d'une vieille femme. *Paris,* 1834, in-8, demi-rel. 6 fr.
Edition originale.

3275. **Genlis** (comtesse de). Mémoires inédits sur le xvıııe siècle et la Ré-

volution française. *Paris*, 1825, 8 vol. in-8, veau fauve, dent. à froid. 30 fr.
Bel exemplaire provenant de la bibliothèque de la duchesse de Raguse.

3276. **Gerard Bontemps.** Galerie des curieux. *Nice*, 1873, in-12, br., papier de Hollande. 15 fr.
Curieuses anecdotes piquantes.

3277. **Gesner** (*sic*). Œuvres. *Paris, Dufart, s. d.*, 2 vol. in-8, veau, tr. dor. 20 fr.
Jolies figures de Monnet avant la lettre.

3278. **Gilles André de la Roque.** Traité de la noblesse, de ses différentes espèces, de son origine, du gentilhomme de nom et d'armes. *Paris*, 1678, in-4, veau. 12 fr.
Notre exemplaire a la marge de deux feuillets rongée par l'humidité.

3279. **Gilles de Chin.** Poëme de Gautier de Tournay, trouvère du xive siècle, publié par le baron de Reiffenberg. *Bruxelles*, 1847, in-4, demi-rel. veau fauve. 25 fr.
Très-rare.

3280. **Ginguené** (P.-L.). Histoire littéraire d'Italie. *Paris*, 1811-1823, 10 vol. in-8, veau rac. 30 fr.
Bel exemplaire.

3281. **Giraud.** Vocabulaire hébreu, français. *A Vilna*, 1825, in-12, demi-rel. 3 fr. 50

3282. **Gisquet** (ancien préfet de police). Mémoires écrits par lui-même. *Paris*, 1840, 4 vol. in-8, demi-rel. 18 fr.

3283. **Glossarium** eroticum linguæ latinæ auctore, P. P. (Pierrugues). *Parisiis*, 1826, in-8, demi-rel. veau. 22 fr.

3284. **GODEAU** (évêque de Grasse). Poésies chrétiennes. *Paris, Jean Le Petit*, 1646, in-12, vélin. 50 fr.
Cette édition de 1646, très-bien imprimée, est inconnue à Brunet. Notre exemplaire est dans une bonne condition.

3284 *bis*. **Gomberville.** La Doctrine des mœurs tirée de la philosophie des stoïques représentée en 100 tableaux et expliquée en 100 discours pour l'instruction de la jeunesse. *Paris, Pierre Daret*, 1646, in-fol., demi-rel. 40 fr.
Bonnes épreuves.

3285. **Graffigny.** Lettres d'une Péruvienne. *A Peine, s. d.*, in-12, veau anc. 28 fr.
Edition originale. Bon exemplaire.

3286. **Grammaire de l'ornement** par Owen Jones, illustrée d'exemples pris des divers styles d'ornement. *Londres, s. d.*, pet. in-fol. rel., tr. dor. 90 fr
Cet ouvrage comprend 112 planches en couleurs reproduisant les types des styles les plus variés.

3287. **Grande Danse** macabre des hommes et des femmes, historiée et renouvellée de vieux gaulois en langage le plus poli de notre temps. *A Troyes, chez Garnier*, 1728, in-4, br. 10 fr.
Bel exemplaire de ce curieux livre.

3288. **Grande joie** du père Duchesne au sujet de l'ordre qu'il reçut de Versailles d'aller refaire les fourneaux du roi. Plaisantes aventures du Chat de la femme et du Pot de chambre, etc., etc. 4 fr.
Le manuscrit original a été trouvé dans les papiers de J.-B.-Maurice Pruvost, principal du collége de Hesdin, mort en 1842.

3289. **Grand' monarchie** (la) de France composée par Mess. Claude de Seyssel, adressât au roy très-chrestien, François, premier de ce nom, avec la loy Salicque qui est la première et principale loy des Français. *Paris, chez Galliot du Pré tenant sa boutique au premier pillier de la grande salle du Palais*, 1558, pet. in-8, tr. dor. 25 fr.
Bel exemplaire d'un livre introuvable; le titre a été habilement doublé.

3290. **Guerre** des masles contre les femelles, par le sieur de Cholières. *Paris*, 1588, in-12, br. pap. de Hollande. 15 fr.
Réimpression faite en 1863, tirée à 100 exemplaires.

3291. **Guerre** séraphique, ou Histoire des périls qu'a courus la barbe des capucins par les violentes attaques des cordeliers. *La Haye, chez Pierre de Houdt*, 1740, in-12, veau. 10 fr.

3292. **Guillet.** Les Arts de l'homme d'épée ou le Dictionnaire du gentilhomme. *La Haye, A. Moetjens*, 1665, pet. in-8, veau. 7 fr.
Cet ouvrage est divisé en trois parties : l'Art de monter à cheval, l'Art militaire et l'Art de la navigation.

3293. **Guyou** (ex-agent de police). Biographie des commissaires de police et officiers de paix de la ville de Paris. *Paris*, 1826, in-8, br. 4 fr.

3294. **Guizot**. Mémoires pour servir à l'histoire de mon temps. *Paris*, 1858, 8 vol. in-8, br. 40 fr.

3295. **Hamel** (E.). Histoire de Robespierre d'après des papiers de famille. *Paris*, 1865, 3 vol. in-8, demi-rel. maroq. laval. 18 fr.

3296. **Hayes**. La Terre de désolation, excursion d'été au Groënland. *Paris*, 1874, gr. in-8 br. 7 fr.
43 figures.

3297. **Henri IV** et le ministre Daniel Chamier, d'après un journal inédit du voyage de ce dernier à la cour en 1607, par Charles Read. *Paris*, 1854, in-8 br. 2 fr.

3298. **HORATII FLACCI OPERA**. *Londini, Joannes Pine*, 1733, 2 vol. in-8, maroq. rouge, dent. sur les plats, tr. dor. (Derome). 300 fr.
Reliure très-fraîche, magnifique ouvrage très-recherché, le texte et les figures sont entièrement gravés.

3299. **Het Grod natuur** en Zedekundigh Werelhoneel of Woordenboek van meer dan 1200 aeloude Egiptische Grieksche en Romeinsche Zinnebeelden of beeldens praek. *Te Delft*, 1743, 3 vol. in-fol. cart. 100 fr.
Livre remarquable et de la plus grande utilité aux peintres, sculpteurs; environ 1,200 physinomies finement gravées; la légende est en français; bel exemplaire.

3300. **Histoire** d'Amenophis, prince de Libie; pièce nouvelle à laquelle on a joint l'Histoire de la comtesse de Vergi, nouvelle historique, galante et tragique. *La Haye*, 1725, in-18, veau anc. 5 fr.

3301. **Histoire** de la vie du duc d'Espernon, par M. Girard. *Paris*, 1673, 3 vol. in-12, veau. 15 fr.
Curieux mémoires sur le règne de Henri IV, *de la bibliothèque des P.P. Théatins*.

3302. **Histoire** des favorites, contenant ce qui s'est passé de plus remarquable sous plusieurs règnes, par Mlle de la Roche-Guilhem. *Amsterdam*, 1697, 2 part. en 1 vol. in-12 veau, tr. dor. 10 fr.
9 gravures et un frontispice; rare.

3303. **Histoire** des intrigues galantes de la reine Christine de Suède et de sa cour pendant son séjour à Rome. *Amsterdam*, 1697, in-12, veau anc. Beau portr. 10 fr.

3304. **Histoire** des rats, pour servir à l'Histoire universelle, par de Sigrais. *A Ratopolis*, 1737, in-8, fig., veau ant. marb. 20 fr.

3305. **Histoire** des rois de France depuis Pharamond jusqu'à notre auguste monarque Louis XV, par N. de Fev. *Paris*, 1728, in-4, veau anc. 25 fr.
Ouvrage composé de 65 planches gravées en taille-douce; le texte est également gravé.

3306. **Histoire** du cardinal de Granvelle, archevesque de Besançon, vice-roi de Naples, ministre de l'empereur Charles-Quint et de Philippe second, roi d'Espagne, par Courchetet d'Esnans. *Paris, Duchesne*, 1761, in-12, veau. 15 fr.
Rare; portrait.

3307. **Histoire** du temps, ou Véritable Récit de ce qui s'est passé dans le parlement de Paris, depuis le mois d'août 1647 au mois de novembre 1648. *S. l.*, 1649, in-8, veau anc. 8 fr.
Curieux journal sur la minorité de Louis XIV.

3308. **Histoires** galantes de diverses personnes, qui se sont rendues illustres par leur savoir ou leur bravoure. *Amsterdam*, 1709, in-18, veau. 8 fr.
Ouvrage amusant et utile pour l'histoire des mœurs; rare.

3309. **Histoire** horrible et espouuantable de ce qui s'est fait et passé au faux-bourg St-Marcel à la mort d'un misérable qui a esté deuoré par plusieurs diables transformez en dogues et ce pour auoir blasphémé le sainct nom de Dieu et battu sa mère. Br. in-8. 3 fr.
Réimpression faite sur l'original de 1640.

3310. **Histoire** notable de la Floride, située es Indes occidentales, contenant trois voyages du capitaine Laudonnière, mise en lumière par M. Basanier. *Paris*, 1853, in-12 br. neuf. 20 fr.
Très-rare; de la collection de la Bibliothèque elzévirienne.

3311. **Histoire** nouvelle de Margot des Pelotons, ou la Galanterie naturelle, par Huerne de La Mothe. *Genève*, 1775, 2 part. en 1 vol. in-8, demi-rel. veau anc. avec coins.   25 fr.

> Livre, quoique libre, digne de prendre rang avec *Manon Lescaut*, à la tête des romans français.

3312. **Histoire** philosophique de la papauté depuis son origine jusqu'à sa chute. *Milan, chez les libraires associés, s. d.*, in-12, veau anc. (une mouillure).   6 fr.

> Ouvrage violent contre Rome.

3313. **Histoire** secrète des intrigues de la France en divers cours de l'Europe où l'on voit que l'accroissement du pouvoir de cette couronne est dû au succès de ces intrigues plutôt qu'à ses propres forces et à l'habileté de ses ministres d'Etat. *Londres*, 1713, 2 vol. in-8, veau.   9 fr.

3314. **Horace.** OEuvres complètes. Edition polyglotte publiée sous la direction de Monfalcon. *Paris*, 1834, gr. in-8, demi-rel.   15 fr.

3315. **Horace.** OEuvres. Trad. nouvelle de Jules Janin. *Paris*, 1861, in-12, demi-rel. maroq., coins, tête dor., n. rog.   12 fr.

3316. **Horatii Quincti Flacci Venusini**, poetæ lyrici, poemata omnia. *Antverpiæ, Plantini ex officinâ*, 1576, pet. in-8, veau anc. 15 fr.

> Edition estimée.

3317. **Huet** (Daniel). Traité de la situation du paradis terrestre. *Paris, Anisson*, 1691, in-12, veau anc., front. gravé.   8 fr.

> Très-rare.

3318. **Hugo** (V.). Les Chansons des rues et des bois. *Paris*, in-8 br.   3 fr. 50.

3319. **Illustres françaises** (les). Histoires véritables, par Rob. de Challes. *Amsterdam*, 1750, 3 vol. in 12, veau.   12 fr.

> Quoi qu'en dise le titre, ce sont des histoires bourgeoises.

3320. **Imitation de Jésus-Christ**, traduite et paraphrasée en vers français par Pierre Corneille. *Bruxelles*, 1684, in-12, veau.   6 fr.

3321. **Imposteurs démasqués** (les) et les Usurpateurs punis, ou Histoire de plusieurs aventuriers qui, ayant pris la qualité d'empereur, de roi, de prince, etc., sont morts dans l'obscurité ou de mort violentes. *Paris*, 1776, in-12, veau.   6 fr.

3322. **Irisson** (d'). Etudes sur la Chine contemporaine. *Paris*, 1869, in-8 br.   3 fr.

3323. **Isle inconnue** (l'), ou Mémoires du chevalier de Gastines recueillis et publiés par M. Grivel. *Paris*, 1783, 6 vol. in-12, cart., fig.   20 fr.

3324. **Janin** (Jules). L'Eté à Paris. *Paris*, 1845, gr. in-8 br.   9 fr.

> Jolies figures sur acier par Lami.

3325. **Jardin des Racines grecques**, mises en vers français avec un Recueil de mots pris de la langue grecque, par Cl. Lancelot. *Paris, P. Le Petit*, 1657, pet. in-12, front. gravé.   30 fr.

> Edition originale rare et recherchée; bel exemplaire.

3326. **Jeu de Tarots** du xviie siècle. 50 cartes dans un carton. 35 fr.

> Les sujets représentent des allégories ayant rapport aux différentes vertus.

3327. **Joinville.** Histoire et Chronique du très-chretien roy sainct Loys, IXe du nom et XLIVe roy de France. *Paris*, 1609, in-12 parch.   10 fr.

> Edition fort rare, avec la généalogie de la maison de Bourbon ; exemplaire avec annotations marginales.

3328. **Joly** (chanoine de Paris). Voyage fait à Munster en Westphalie et autres lieux voisins en 1646 et 1647. *Paris, Jean Clousier*, 1670, pet. in-8, veau.   7 fr.

> Cartes et plans.

3329. **Journal des Chasseurs**, de la 1re année 1836 à 1850. 14 vol. gr. in-8 cart., n. rog.   60 fr.

> Nombreuses figures noires et coloriées; période très-rare.

3330. **Journée des Madrigaux** suivie de la Gazette de Tendre (avec la carte de Tendre) et du Carnaval des Précieuses. *Paris*, 1856, in-12, perc., n. rog.   8 fr.

> Tiré à petit nombre ; papier vergé.

3331. **Jubinal** (Achille). Nouveau Recueil des contes, dits, fabliaux et autres pièces modèles des xiiie, xive et xve siècles. *Paris*, 1839, 2 vol.

in-8, demi-rel. maroq. citron, n. rog. 25 fr.

Pour faire suite aux collections Legrand d'Aussy, Barbazan et Méon; rare; tiré à 500 exemplaires.

332. **Jugement et Observations** sur la vie et les œuvres de M⁰ François Rabelais, ou le Véritable Rabelais réformé, par Jean Bernier. *Paris*, 1699, in-12, veau. 6 fr.

Rare.

3333. **Kempis** (Th.). De Imitatione Christi libri quatuor. *Patavii*, 1728, in-8 carré, demi-rel. 10 fr.

Edition rare.

3334. **Laborde.** Essai sur la musique ancienne et moderne. *Paris*, 1780, 4 vol. in-4 cart., n. rog. 75 fr.

Nombreuses planches ; musique gravée.

3335. **Laborde.** Notice des émaux exposés dans les galeries du musée du Louvre. *Paris*, 1852-1853, 2 vol. in-8, demi-rel. maroq. rouge, tête dor., n. rog. 30 fr.

Les deux parties se trouvent rarement réunies.

3336. **Laboulaye.** Dictionnaire des arts et manufactures de l'agriculture et des mines. *Paris*, 1868, 3 vol. gr. in-8, demi-rel. maroq. 48 fr.

3337. **La Bruyère.** Nouvelle édition revue par Servois. *Paris*, 1865, 2 vol. in-8 br., neufs. 12 fr.

De la collection des grands écrivains de la France.

3338. **La Chesnaye des Bois.** Sommaires détaillés des généalogies des familles mentionnées dans les tomes XIII, XIV et XV du Dictionnaire de la Noblesse. *Paris*, 1863, in-4, br. 18 fr.

Très-rare ; remplaçant les tomes XIII, XIV et XV du Dictionnaire de la Noblesse, qui sont fort rares.

3339. **La Oille.** Mélange ou Assemblage de divers mets pour tous les goûts. *A Constantinople*, 1775, in-12, veau. 7 fr.

Joli frontispice non signé. Pensées sur la politique, la religion, la morale, attribuées par Barbier à Constantin.

3340. **Lacroix** (Bibliophile Jacob). Bibliographie moliéresque. *Turin*, 1872, in-12, demi-rel. maroq. rouge, tête dor., n. rog. 16 fr.

Papier vergé, tiré à 50 exemplaires.

3341. **Lacroix.** Epître d'un jeune homme qui a remporté le prix de vertu, à sa mère. *Paris*, 1826, br. in-8. 2 fr.

3342. **La Fontaine.** Contes et Nouvelles en vers. *Londres*, s. d., 2 vol. in-18, veau. 30 fr.

Cette édition contient les figures, dites des fermiers généraux; bonnes épreuves.

3343. **La Rochefoucauld.** Œuvres morales. *Paris*, 1869, in-18, br. 3 fr. 50.

De la collection des classiques du prince impérial, tiré à 300 exemplaires.

3344. **La Tancia**, commedia rusticale alla serenissima Vittoria principessa d'Urbino, granduchessa di Toscana. *Firenze*, 1638, pet. in-8, demi-rel. 5 fr.

3345. **Laugier.** Tyrannie que les hommes ont exercée dans presque tous les temps et les pays contre les femmes, ou Inconséquence de leur conduite envers cette belle moitié de l'espèce humaine. *Londres*, 1788, in-8, br. 5 fr.

3346. **Le Bel Inconnu**, ou Giglain, fils de messire Gauvain et de la fée aux blanches mains, poëme de table ronde, par Renaud de Beaujeu, poëte du XIII⁰ siècle, publié avec introduction et glossaire, par Hippeau. *Paris*, 1860, in-8, demi-rel. maroq. rouge, tête dor., n. rog. 18 fr.

Rare, papier vélin.

3347. **Leber.** De l'état réel de la presse et des pamphlets depuis François 1ᵉʳ jusqu'à Louis XIV. *Paris*, 1834, in-8, br. 5 fr.

Ouvrage utile à tous les Bibliophiles.

3348. **Legrand d'Aussy.** Fabliaux ou Contes du XII⁰ et du XIII⁰ siècle. *Paris*, 1779-1781, 4 vol. in-8, dos et coins de maroq. bleu, tr. dor. 38 fr.

3349. **La Fontaine.** Fables. *Paris. Parmentier*, 1825, 2 vol. in-8, perc. non rog. 25 fr.

Exemplaire lavé et encollé, on a joint une jolie suite de figures de Ransonnette.

3350. **Lelaboureur.** La Promenade de Saint-Germain, dédiée à mademoiselle de Scudery. 1669, in-12, veau anc. 15 fr.

3351. **Lelewel** (Joachim). Pythéas de Marseille et la géographie de son

temps. *Paris*, 1836, in-8, demi-
rel. 2 fr.

3352. **Lemaire**. Paris ancien et
nouveau où l'on voit la fondation,
les accroissements, le nombre des
habitants, et des maisons de cette
grande ville. *Paris*, 1685, 3 vol.
in-12, veau. 40 fr.
Ces volumes, qui ne se rencontrent pas
communément, sont effectivement remplis
de détails curieux et intéressants. On y
trouve des renseignements sur la foire
Saint-Laurent. — Les Premiers Imprimeurs
de Paris. — Epitaphe de Gilles Corrozet. —
Procession remarquable de douze mille
petits garçons. — Rue de Coupe-Gueule.
— Le Bourreau, son office odieux. — Garde-
Meuble du Roy. — Origine des gazettes. —
Messagers à pied. — L'Opéra, quand il a
commencé. — Le Parloir aux bourgeois. —
Le Parquet, ce que c'est, d'où vient ce mot.
— Origine du mot *sargent*, etc., etc.

3353. **Le Pays**. Amitiez, Amours et
amourettes. *Amsterdam*, 1689, in-18,
veau. 8 fr.

3354. **Le Pays**. Nouvelles Œuvres.
*Amsterdam, chez Abraham Wols-
gank*, 1677, 2 part. en 1 vol. in-12,
parch. 10 fr.

3355. **Lesage**. Le Diable boiteux.
Londres, 1755, 2 tomes en 1 vol.
in-12, cart., fig. 6 fr. 50

3356. **Lesage**. Histoire de Gil Blas.
Paris, Dubochet, 1838, demi-rel.
maroq. vert. 15 fr.
Vignettes de Jean Gigoux.

3357. **Le Tellier d'Orvilliers**. Le
Roman comique mis en vers. *Paris*,
1733, 2 vol. in-12, veau anc. 6 fr.

3358. **Lettres d'un bibliographe**.
Paris, Tross et E. Leroux, 4 vol.
in-8, br. neufs. 26 fr.
Etudes spécialement consacrées aux in-
cunables. Ce sont les 4 premières séries,
elles contiennent les planches fac-simile
en couleur; le 5e volume est en vente depuis
un mois.

3359. **Lettre** écrite à madame la
comtesse Tation, par le sieur de
Bois-Flotté, étudiant en droit fil, par
le marquis de Bièvre. *Amsterdam*,
1779, plaq. in-8, cart. 12 fr.
Curieux petit volume pour ses calembourgs, vignette.

3360. **Lettres** galantes du chevalier
d'Her..., par Fontenelle. *Londres*,
1710, in-18, cart. 4 fr. 50

3361. **Lettres** sur les Etats généraux
de 1789, ou Détails sur l'assemblée
du 4 mai au 15 novembre, par le
duc de Biron, duc de Lauzun. *Paris*, 1865, in-8, br. 5 fr.
Portrait de l'auteur par Staal.

3362. **Lewis**. La Fenêtre du grenier
de mon oncle. *Paris*, 1821, in-12,
cart., n. rog. 3 fr. 50

3363. **Licquet**. Histoire de Normandie depuis les temps les plus reculés
jusqu'à la conquête de l'Angleterre
en 1066. *Rouen*, 1835, 2 vol. in-8,
demi-rel. cuir de Russie, tête dor.,
n. rog., avec une carte de la Normandie. 20 fr.

3364. **Liotard** (Charles). Etude philologique sur les serées de Guillaume
Bouchet. *Nimes*, 1875, in-8, br. 2 fr.

3364 *bis*. **Li Romans** de Raoul de
Cambrai et de Bernier, publié pour
la première fois d'après le manuscrit unique de la Bibliothèque, par
Edward Le Glay. *Paris*, 1840, in-8,
br., pap. vergé. 8 fr.
De la collection des Romans des douze
pairs.

3365. **Livre du roy Charles**. De
la Chasse au cerf, publié pour la
première fois d'après le manuscrit
de la bibliothèque de l'Institut, par
Henri Chevreuil. *Paris*, 1859, in-8,
demi-rel. maroq. rouge. 8 fr.

3366. **Livre** du très-chevaleureux
comte d'Arlois et de sa femme, fille
au comte de Boulogne, publié d'a-
près les manuscrits et pour la première fois par Barron. *Paris*, 1837,
in-4, goth., rel. veau fauve, fil., tr.
dor. 70 fr.
Bel exemplaire en grand papier de Hollande, relié par Petit. Figures.

3367. **Livre rouge** (le), ou Liste des
pensions secrettes sur le Trésor public, contenant les noms et qualités
des pensionnaires, l'état de leurs
services et des observations sur les
motifs qui leur ont mérité leur trai-
tement. *De l'imp. royale*, 1790, in-8,
br. 10 fr.
Livre violent contre les principaux personnages du siècle dernier.

3368. **Longus**. Amours pastorales de
Daphnis et Chloé, trad. par Amyot.
Paris, Lemerre, 1872, in-18, br. 6 fr.

3369. **Lovize Labé** (Lionnoize).
Evvres, à Lion, 1823, in-8, demi-
rel. maroq., coins, tête dor., n.
rog. 18 fr.
Très-rare; exemplaire en papier vélin.

3370. **Mahmoud**. Le Gasnevide, histoire orientale. *Rotterdam*, 1729, in-8, veau. 8 fr.
Curieuse histoire du Régent, par Melon.

3371. **Maistre** (de). Lettres à un gentilhomme russe sur l'inquisition espagnole. *Paris*, 1832, in-8, br. 2 fr.

3372. **Malborough** s'en va-t-en guerre. 20 eaux-fortes par de Borel, in-fol., perc. 16 fr.
Devenu rare.

3373. **Mallet du Pan**. Essai historique sur la destruction de la ligue et de la liberté helvétiques. S. *l.*, 1798, in-12, veau fauve, fil., tr. dor. 15 fr.
Bel exemplaire.

3374. **Manuscrit** du xviiie siècle. Livre de Remarques des choses particulières, fait par moy de St-Val, commençant au 23 avril 1723, divisé en plusieurs parties avec privilége de l'autheur du présent et ainsi signé, *De St-Val*, in-8, veau. 8 fr.

3375. **Manuscrit** du xviiie siècle d'une très-belle écriture. *Recueil de diverses pièces curieuses dont quelques unes malséantes critiquées par un sçavant du siecle avec replique. Verdun*, 1788, in-8, rel. 10 fr.
Manuscrit très-curieux, mouillures dans la marge du bas.

3376. **Marguerite d'Angoulême** (sœur de François Ier). Son livre de depenses (1540-1549), études sur ses dernières années, par le comte de la Ferrière-Percy. *Paris*, 1862, in-12 carré, rel. en vélin blanc, titre callig. en coul. sur le dos, à comp. points sur les plats, avec initiales dor. en tète, n. rog. 25 fr.
Reliure curieuse.

3377. **Mariette Bey**. Notice sur les principaux monuments exposés dans les galeries provisoires du musée d'antiquités égyptiennes de S. A. le vice-roi. *A. Boulay, Paris*, 1869, in-8, br. 4 fr.

3378. **Martin** (Henri) **et Paul Lacroix**. Dernier chapitre de l'Histoire de Soissons. S. *l. n. d.*, in-8, br. 2 fr. 50

3379. **Massillon**. Œuvres complètes. *Paris, Mequignon*, 1822, 13 vol. in-8, demi-rel. veau, n. rog. 60 fr.
Bel exemplaire de cette édition estimée.

3380. **Ma Toilette**. Manuscrit dérobé à une vieille femme, suivie de quatre Nouvelles. *Paris*, 1819, 2 tomes en 1 vol. in-12, veau. 7 fr.

3381. **Mémoires** de Jean de Witt, grand pensionnaire de Hollande. *Ratisbonne*, 1709, in-18, veau. 5 fr.
Aux armes du duc de Vendôme.

3382. **Mémoires** de la reine Marguerite. *Paris*, 1620, in-8, vélin. 10 fr.
2e édition de ces Mémoires.

3383. **Mémoires** de Mme de Warens et de Claude Anet, pour faire suite aux Confessions de J.-J. Rousseau, publiés par le docteur et général Doppet. *Genéve*, 1783, in-8, demi-rel. 10 fr.
La baronne de Warens, née en 1699, est morte en 1759. Elle s'était séparée de son mari et avait embrassé la religion catholique en 1726.

3384. **Mémoires** de mistriss Robinson, célèbre actrice de Londres. *Paris*, 1802, in-8, veau. 6 fr.
Contenant des détails curieux sur sa carrière dramatique, ses amours avec le prince de Galles, ses relations avec le duc d'Orléans et plusieurs personnages célèbres.

3385. **Mémoires** de M. Caron de Beaumarchais, écuyer, conseiller du roi. *Paris*, 1775, in-12, veau. 4 fr.

3386. **Mémoires** de M. de Torcy, pour servir à l'histoire des négociations depuis le traité de Riswick jusqu'à la paix d'Utrecht. *La Haye*, 1756, 3 vol. in-12, veau anc., portr. 12 fr.

3387. **Mémoires** d'un Condamné, ou Vie de Collet écrite par lui-même. *Paris*, 1837, in-8, br. 3 fr.

3388. **Mémoires** pour servir à l'histoire de la Calotte. *A Moropolis*, 1735, 2 vol. in-18, veau. 8 fr.

3389. **Mémoires** sur la vie de Mlle de Lenclos, par Bret. *Amsterdam*, 1775, 2 tomes en 1 vol. in-12, veau. 4 fr.

3390. **Mémoires** turcs, avec l'histoire galante de leur séjour en France, par Godard d'Aücourt. *Amsterdam*, 1750, 3 parties en 1 vol. in-12, demi-rel. 6 fr.
Voyage galant dans les cours de l'Europe, principalement dans celle de France.

3391. **Mémorial** d'un mondain. *Au Cap corse*, 1774, in-8, cart., n. rog. 6 fr.

3392. **Menestrier**. Des Décorations funèbres, où il est amplement traité des tentures, des lumières, des mau-

solées, catafalques, etc. *Paris*, 1684, in-8, veau anc.   15 fr.
     Curieuses figures sur bois.

3393. **Menestrier.** Les Divers Caractères des ouvrages historiques, avec le Plan d'une nouvelle histoire de la ville de Lyon. *Lyon*, 1694, in-12, demi-rel.   10 fr.
     Très-rare.

3394. **Menier.** Premier Mémoire sur la pulvérisation des engrais et sur les meilleurs moyens d'accroître la fertilité des terres. *Paris*, 1875, in-8, br.   3 fr. 50

3395. **Mezeray.** Abrégé chronologique de l'Histoire de France. *Paris*, 1668, 3 vol. in-4, veau jaune. 20 fr.
     Beaux portraits, armoiries sur les plats.

3396. **Mignard.** Le Roman en vers de très-excellent, puissant et noble homme Girart de Rossillon, publié pour la première fois d'après les manuscrits de Paris, de Sens et de Troyes. *Paris*, 1858. gr. in-8, demi-rel. maroq. rouge, coins, tête dor., n. rog. (Hardy).   25 fr.

3397. **Mionnet.** De la rareté et du prix des médailles romaines. *Paris*, 1815, in-8, cart., n. rog.   20 fr.

3398. **Mirabeau.** Discours et Opinions, précédés d'une Notice historique sur sa vie, par M. Barthe. *Paris*, 1820, 3 vol. in-8, br.   12 fr.

3399. **Mode illustrée.** De l'origine, 1860, à fin 1876; ens. 17 années, avec gravures coloriées et patrons.   80 fr.
     Publié à 425 francs, collection qu'il est difficile de réunir.

3400. **Molière.** Œuvres complètes, précédées de l'Histoire de sa vie et de ses ouvrages, par Taschereau. *Paris*, 1863, 6 vol. in-8, demi-rel. maroq. vert, coins, tr. peigne.   55 fr.

3401. **Molière.** Œuvres complètes, avec notes de tous les commentateurs. *Paris, Didot*, 1874, gr. in-8, br. neuf.   7 fr.

3402. **Molière.** Œuvres. *Paris*, 1785, 8 vol. in-18, veau.   12 fr.
     Bonne édition.

3403. **Monnier** (Henri). La Religion des imbéciles. *Paris, s. d.*, in-12, demi-rel.   5 fr.

3404. **Monselet.** Les Tréteaux. *Paris*, 1859, pet. in-8, br.   15 fr.
     Frontispice dessiné par Bracquemond, bel exemplaire.

3405. **Monstrelet** (Enguerrand de) Chronique publiée par Donet d'Arcq, *Paris, Renouard*, 1857-1862, 6 vol. in-8, demi-rel. chagr., tr. marb.   48 fr.

3406. **Montaigne** (Michel). Les Essais. *Paris*, 1669, 3 vol. in-12, veau anc., titres gravés.   15 fr.

3407. **Montaigne.** Essais. *Paris, Lefèvre*, 1834, gr. in-8, demi-rel. maroq. violet, tête dor., n. rog. 13 fr.
     Bel exemplaire lavé et encollé.

3408. **Montresor.** Mémoires diverses, pièces durant le ministère du cardinal de Richelieu, relation de M. de Fontenailles. affaires du comte de Soissons, duc de Guise et de Bouillon. *Cologne, J. Sambix*, 1663-65, 2 vol. pet. in-12, veau, tr. dor. 25 fr.
     On sait que l'auteur de ces Mémoires sur la bataille de la Marsée et autres événements s'était chargé d'assassiner Richelieu.

3409. **Montifaud** (Marc de). Les Triomphes de l'abbaye des Conards, avec une Notice sur la Fête des fous. *Paris, Jouaust*, 1874, in-12, br. 16 fr.
     Exemplaire en grand papier watman, publié à 10 exemplaires seulement.

3410. **Morency** (Madame Suzanne Giroux de). Lise, ou les Hermites du Mont-Blanc, roman nouveau faisant suite à Illyrine. *Paris*, 1809, in-12, veau.   10 fr.
     Très-rare; les mêmes personnages que ceux du roman d'Illyrine se trouvent en scène; ce roman n'est autre que la vie et les aventures de l'auteur.

3411. **Morin** (fleuriste). Remarques nécessaires pour la culture des fleurs. *Paris*, 1672, in-18, veau.   4 fr.
     Frontispice gravé, très-rare.

3412. **Mots** à la mode et des nouvelles façons de parler..., par F. de Callières. *Paris, Mich. Brunet*, 1698, in-12, veau.   15 fr.
     Rare.

3413. **Mots dorez** du grave et sage Caton pour la doctrine de la jeunesse, par F. H. *A Rouen, chez Nicolas Lescuyer*, 1561, in-24, veau fauve, fil., tr. dor. (Kochler).   20 fr.
     Par François Habert, poëte français; livre de la plus grande rareté, exemplaire court de marges.

3414. **Moyen** (le) de devenir peintre en trois heures et d'exécuter au pinceau les ouvrages des plus grands maîtres sans avoir appris le dessin. *Paris*, 1756, in-12, rel.   3 fr. 50

415. Musée royal de Naples. Peintures, bronzes et statues érotiques du cabinet secret, avec leur explication, contenant 60 gravures. *Paris*, 1836, in-4, demi-rel. chagr.   70 fr.

3416. **Musset** (Alfred de). OEuvres complètes. *Paris*, 1877, 11 vol. in-8, br. neufs.   60 fr.
Edition avec les dessins de Bida.

3417. **Musset** (Alf. de). Histoire d'un Merle blanc. *Paris*, 1853, in-18, br.   5 fr.
Très-rare.

3418. **Musset** (Alf.). Mademoiselle Mimi Pinson, profil de grisette. *Paris*, 1853, in-12, br.   3 fr. 50

3419. **Naudé**. Apologie de tous les grands personnages qui ont esté faussement soupçonnés de magie. *La Haye*, 1653, in-8, vél.   12 fr.

3420. **Navigation** du compaignon à la bouteille, suivie de Maistre Hambulin. *Genéve*, 1867, in-8, en feuilles.   30 fr.
Réimpression textuelle faite sur l'édition de Paris, Cl. Micard, 15a6, augmentée d'une introduction et notes par G. Brunet. *Un des deux exemplaires sur peau vélin.*

3421. **Nostradamus** (Cœsar de). Histoire et Chronique de *Provence*, de Cœsar de Nostradamus, gentilhomme provençal. *Imp. à Lyon, Simon Rigaud*, 1614, in-fol., bas. antiq.   40 fr.
Livre rare, figures et portrait, une piqûre de vers à la fin du volume.

3422. **Notice** sur Henri Delmotte, publiée par la Société des Bibliophiles belges. *Mons*, 1836, in-8, br.   2 fr.

3423. **Notice** sur les sires de Coucy, accompagnée d'une description du château de cette ville et précédée d'une étude sur la féodalité, par J. Ulauss. *Coucy*, 1862, in-12, br.   3 fr. 50
Figures et blasons dans le texte.

3424. **Nouveau Roman comique**, ou Voyage et Aventures d'un souffleur, d'un perruquier et d'un costumier de spectacle. *Paris*, an VIII, 2 tomes en 1 vol. in-12, veau, fig.   10 fr.

3425. **Nouvelle Lune** (la), ou Histoire de Pœquillon, par Le Bret. *Paris*, an VII, 2 vol. in-12, demirel., fig.   5 fr.

3426. **Nouvelles** d'Antoine-François Grazzini, dit Le Lasca, l'un des fondateurs et membre de deux célèbres Académies de Florence. *Berlin*, 1776, 2 tomes en 1 vol. pet. in-8, demirel. chagr.   12 fr.
Curieuses anecdotes amusantes et galantes.

3427. **Nodier** (Ch.). Contes. *Paris, Hetzel, s. d.*, 2 vol. in-12, br. 6 fr.
Edition publiée avec des gravures et épuisée.

3428. **Nuit angloise** (la), ou les Aventures jadis un peu extraordinaires, mais aujourd'hui toutes simples et très-communes de monsieur Dabaud, marchand de la rue St-Honoré, roman comme il y en a trop. *Paris, s. d.*, 2 tomes en 1 vol. in-12.   6 fr.

3429. **Octavius** (l') de Minucius Félix, de la trad. de M. d'Ablancourt. *Paris*, 1677, in-12, veau fauve, fil., tr. dor.   10 fr.
Très-rare.

3430. **Odes** au roy, à monseigneur le Cardinal-Duc, à madame la duchesse d'Eguillon, à monsieur de Liancour, à monsieur de Bautru, à monsieur l'Euesque de Lizieux, et autres œuvres poétiques, par de Nowelon. *Paris, Qvinet*, 1639, in-12, demi-rel. maroq.   10 fr.
Edition originale très-rare, une piqûre de ver de peu d'importance.

3431. **ŒUVRES GALANTES DE M. COTIN**, tant en vers qu'en prose. *A Paris, chez Estienne Loyson*, 1665, 2 vol. in-12, front. gravé, maroq. vert, fil., dent. int., tr. dor. (Maison Debonnelle).   100 fr.
Dans cette édition on trouve : Le fameux Sonnet à la princesse Uranie ; le Sonnet à mademoiselle de Longueville, « Votre prudence est endormie », et le madrigal sur carrosse de couleur amarante.

3432. **ŒUvres** de Monsieur de Montreuil. *A Paris, chez L. Billaine*, 1666, in-12, portr., veau.   12 fr.
Première édition des poésies légères et des lettres en prose d'un poète facile et spirituel de l'école de Voiture.

3433. **ŒUvres** diverses du sieur D***, avec le Traité du sublime ou du merveilleux dans le discours. *Paris*,

C. Barbin, 1683, in-12, veau anc.
7 fr. 50
Edition très-bien imprimée.

3434. **Olivet** (abbé d'). Traité de la prosodie françoise, avec une dissertation par M. Durand. *Genéve, s. d.,* in-12, veau. 3 fr.

3435. **Opéras lyriques** du xviiie siècle, reliés en 4 vol. in-8. 30 fr.
Persée, tragédie, 1770. — Castor et Pollux, 1770. — La Tour enchantée, ballet figuré mêlé de chant et danse, 1770. — Le Devin du Village, 1770. — La Reine de Golconde, opéra, 1771. — Isménor, drame héroïque, 1773.—Bellerophon, tragédie, 1773. — Sabinus, tragédie lyrique, 1773. — Ernelinde, tragédie lyrique, 1773. — Issé, pastorale héroïque, 1773. — Cephale et Procris, ou l'Amour conjugal, tragédie lyrique, 1773. — Iphigénie en Aulide, opéra, 1777. — Toutes ces pièces sont de la première édition.

3436. **Oraison funèbre** de très-haut, très-excellent, très-puissant prince Louis-Joseph de Vendosme, duc d'Estampes, prononcée à Estampes dans l'église collégiale de Nostre-Dame, le 13 de septembre 1712, par le P. Germain. *Paris, Fournier,* 1712, pet. in-4 de 44 pag., perc. angl. (Behrends). 18 fr.
Vignette, portrait et cul-de-lampe.

3437. **Orquesta** (la) du n° 1, 3 décembre 1864, à fin décembre 1865, in-4, demi-rel. 50 fr.
Chacun des numéros contient une caricature sur Maximilien et les événements qui ont eu lieu à cette époque au Mexique.

3438. **Papesse Jeanne** (Histoire de la), par de Spanheim. *La Haye,* 1758, 2 tomes en 4 vol in-8, demi-rel. 15 fr.
Nombreuses figures.

3439. **Papesse Jeanne** (Histoire de la), par Spanheim. *La Haye,* 1720, 2 vol. in-12, veau anc. 25 fr.
Nombreuses figures en bonnes épreuves, la figure dite de la Procession se trouve dans notre exemplaire.

3440. **Papiers** et Correspondances de la famille impériale. *Paris, Imprimerie nationale,* 1870, in-8 en livr. 20 fr.
Exemplaire bien complet.

3441. **Paradis perdu**, trad. de J. Delille. *Paris,* 1805, 2 vol. in-8, veau, tr. dor. 7 fr.
Deux frontispices de Monsiau.

3442. **Parangon** (Le Grand) des nouvelles nouvelles recueillies par Nicolas de Troyes, publié pour première fois par E. Mabille. *Bruxelles,* 1866, in-12, br., pap. Hollande. 20
Tiré à 100 exemplaires.

3443. **Paravoleur** (Le), ou l'Art se conduire prudemment en tous pays, notamment à Paris, par Vidocq (Laumier, ancien bibliothécaire de la ville de Dôle). *Paris,* 1830, in-18, br. 4 fr.

3444. **Parfait Cocher** (Le), par le duc de Nevers. *Liége,* 1777, in-8, veau, front. gravé. 10 fr.
Ouvrage curieux.

3445. **Paris.** 108 vues de Paris et des environs, gravées par Merian. *Francfort,* 1655, in-fol., vélin. 100 fr.
Ces vues sont remarquables par la finesse de la gravure, toutes sont en belles épreuves.

3446. **Paris** dans le XIXe siècle, ou Reflexions d'un observateur sur les nouvelles institutions, l'esprit public, les ridicules, les femmes, le théâtre, par Pierre Jouhaud, avocat. *Paris,* 1809, in-8, veau. 4 fr.

3447. **Parnasse des Muses**, ou Recueil des plus belles chansons à danser. *Paris,* 1628, in-12, br., pap. vergé. 25 fr.
Réimpression faite à 100 exemplaires.

3448. **Parnasse des Muses**, ou Recueil des plus belles chansons à danser. *Paris,* 1633, in-12, br. 20 fr.
Réimpression faite à 100 exemplaires; ce volume sert de complément à l'ouvrage ci-dessus.

3449. **Parnasse réformé** (le). *Paris,* 1668, in-18, veau anc., front. gr. 5 fr.

3450. **Parnasse libertin** (le), ou Recueil de poésies libres. *A Paillardisoropolis,* 1772, in-12, demi-rel. maroq. 25 fr.
Très-rare, cette édition est la meilleure; elle a 201 pages de texte, plus la table.

3451. **Patin** (Charles). Relations historiques et curieuses de voyages en Allemagne, Angleterre, Hollande, Bohême, Suisse. *Lyon, Claude Muguet,* 1676, in-12, veau. 7 fr.
Rare, figures.

3452. **Peintre converty** (le) aux précises et universelles règles de son art, par Bosse. *Paris,* 1667, in-8, veau anc. 5 fr.
Beau frontispice gravé.

53. **Pensées** de la princesse de Salm, avec avant-propos par Pongerville. *Paris*, 1846, in-8, demi-rel. chagr.   4 fr. 50

54. **Petit Charles** (le), ou les Aventures du neveu de mon Oncle. *Paris*, 1804, 2 tomes en 1 vol. in-12, veau.   4 fr.

3455. **Petit Neveu de Bocace**, ou Contes nouveaux en vers. *Amsterdam*, 1777, in-8, demi-rel. veau ant., coins.   7 fr.

3456. **Petit Traité** contre l'abominable vice de paillardise et adultère, par Guillaume le Fault. *La Haye*, 1629, in-12, br.   4 fr. 50
Réimpression à 200 exemplaires faite en 1868.

3457. **Petite Revue** (la). *Paris*, *Pince Bourde*, 1863-67, 13 vol. pet. in-8, br.   22 fr.
Les 4 premiers volumes sont brochés, les autres en livraisons ; exemplaire bien complet.

3458. **Philibert Guibert.** Le Médecin charitable enseignant la manière de faire et préparer en la maison, avec facilité et peu de frais, les remèdes propres à toutes maladies. *Lyon*, 1640, pet. in-8, vélin.   8 fr.

3459. **Physiologies parisiennes** avec dessins de Daumier, H. Monnier, Valentin Vernier, Forest, etc. Chaque vol. br.   2 fr.
Le Chasseur. — Le Carnaval. — Le Troupier. — Le Créancier et le Débiteur. — Le Prédestiné. — Le Député. — La Femme la plus malheureuse du monde. — Le Calembourg. — Le Garde national. — Le Débardeur. — Le Protecteur. — Le Viveur. — Le Provincial à Paris. — L'Employé.

3460. **Pièces fugitives** de M. de Voltaire pour le comte de Morangiès, maréchal de camp, dans l'infâme affaire qui lui a été suscitée par une horde d'usuriers, escrocs, protégés, etc. 1772-1773, in-8, veau.   6 fr.
Curieux volume avec notes manuscrites de Jamet.

3461. **Pièces libres** de M. Ferrand et poésies de quelques autres auteurs sur divers sujets. *Londres*, 1738, in-12, veau anc.   20 fr.
Rare.

3462. **Pigault-Lebrun.** Le Citateur. *Bruxelles*, 1828, 2 vol. in-18, br.   6 fr.

3463. **Pigault-Lebrun.** L'Enfant du carnaval. Histoire remarquable et surtout véritable. *Paris*, 1807, 2 tomes en 1 vol. in-12, demi-rel. chagr.   8 fr.

3464. **Pigault-Lebrun.** L'Observateur ou monsieur Martin. *Paris*, 1820, 2 tomes en 1 vol. in-12, veau.   4 fr. 50

3465. **Pigault-Lebrun.** L'Officieux, ou les Présents de noces. *Paris*, 1818, 2 vol. in-12, veau.   6 fr.

3466. **Pigault-Lebrun.** Théodore, ou les Péruviens. *Paris*, 1800, in-12, veau, fig.   5 fr.

3467. **Piron.** Recueil de poésies, ou Œuvres diverses où se trouvent un grand nombre de pièces qui n'ont jamais paru. *Lausanne*, 1773, in-12, demi-rel. veau fauve.   12 fr.

3468. **Plainte et Révélations** nouvellement adressées par les filles de joie de Paris à la congrégation contre l'ordonnance de M. Mangin, qui leur défend de circuler dans les rues pour offrir leurs charmes aux passants, par une matrone. *Paris*, 1830, in-8, br.   10 fr.
Très-rare, surtout avec la gravure coloriée.

3469. **Poésies** de Guillaume Cretin. *Paris*, 1723, in-12 veau.   8 fr.
De la collection de Coustelier.

3470. **Poésies** du roy de Navarre, avec des notes et un glossaire françois, précédées de l'histoire des révolutions de la langue française depuis Charlemagne jusqu'à saint Louis. *Paris*, 1742, 2 vol in-12, veau anc.   40 fr.
Livre rare et recherché.

3471. **Poésies** gaillardes et héroïques de ce temps, augmentées des poëmes de Zaga-Christ, ou la Mort du roi d'Ethiopie, et de plusieurs pièces nouvelles qui n'ont jamais été imprimées. Imprimé cette année. S. l. n. d., in-18, vélin.   25 fr.
Petit livre de toute rareté. Notre exemplaire a une mouillure ; sur le titre il porte la signature : *Gehier, ad* du Roy.

3472. **Poëte sans fard,** ou Discours satiriques, par Gacon. *Cologne*, 1696, in-12, veau anc.   6 fr.

3473. **Poëtes français,** ou Choix de poésies des auteurs du second et du troisième ordre des xvᵉ, xviᵉ, xviie et xviiie siècles, par Champagnac. *Paris*, 1825, 6 tomes en 3 vol. in-12, demi-rel. 9 fr.

3474. **Poey d'Avant**. Description des monnaies seigneuriales françaises. *Fontenay-Vendée*, 1853, in-4, br. 25 fr.
26 planches gravées.

3475. **Polkeuses** (les). Poëme étique sur les célébrités de la polka. *Paris*, 1844, petit in-8, br. 5 fr.
Nombreux portraits.

3476. **Poncet de la Grave**. Projet des embellissements de la ville et fauxbourgs de Paris. *Paris*, 1756, 3 tomes en 1 vol. in-12, veau. 6 fr.

3477. **Ponsard**. Lucrèce, tragédie. *Paris*, 1843, in-8 cart. 4 fr.
Edition originale.

3478. **Portalis** (Roger). Les Dessinateurs d'illustrations au xviiie siècle. *Paris*, 1877, 2 vol. in-8, br. neuf. 30 fr.

3479. **Portefeuille antivénérien**, par MM. L. et R., étudians en médecine. *Basle*, 1785, in-18 rel. 6 fr.

3480. **Portefeuille** d'un talon rouge, contenant des anecdotes galantes et secrètes de la cour de France (sous Louis XVI). *A Paris*, l'an 178* (1780), pet. in-8 de 48 pages, demi-rel. chagr., tête dor., n. rog. 15 fr.
Pamphlet très-rare, dirigé contre Marie-Antoinette.

3481. **Priapées de Maynard**, publiées pour la première fois d'après les manuscrits et suivies de quelques pièces analogues du même auteur, extraites de différents recueils. 1864, in-12 br. 8 fr.
Très-rare.

3482. **Privat d'Anglemont**. *Paris*, 1861, in-12 br. 3 fr.

3483. **Psaumes de David**. Traduction nouvelle. *Paris*, 1679, in-12, maroq. rouge, tr. dor. 6 fr.

3484. **Psaumes** nouvellement mis en vers français, par Mlle Chéron. *Paris, Giffart*, 1735, in-8, rel. veau. 25 fr.
Portrait, titre gravé, et 23 figures.

3485. **Puységur**. Art de la guerre par principes et par règles. *Paris*, 1749, 2 vol. in-4, veau anc. (armes). 20 fr.
Nombreuses planches et vignettes de Cochin.

3486. **Quatrains de Pibrac**, traduits en vers grecs et latins, p. Florent Chrestien. *Paris*, 1802, in-br. 2 fr.

3487. **Quatre Saisons** (les), ou Georgiques patoises, poëme par M. P. A.-P. D. P., beneficier à Millaud, auteur du Recueil des Poésies patoises et françoises, imprimé en 1774. *Villefranche*, 1784, pet. in-8, veau. 15 fr.
Curieuses poésies provençales.

3488. **Quinze Joies** (les) du mariage. *Paris, Jeannet*, 1853, in-12, perc., n. rog. 10 fr.
De la collection de la Bibliothèque elzévirienne; très-rare.

3489. **Rabelais**. OEuvres publiées sous le titre de Faits et Dits du géant Gargantua et de son fils Pantagruel. *S. l.*, 1732, 6 tomes en 5 vol. pet. in-8, veau. 40 fr.
Bel exemplaire; frontispice gravé, portrait et figures.

3490. **Raepsaet**. Les Droits du seigneur. Recherches sur l'origine et la nature des droits connus anciennement sous les noms de Droits des Premières nuits, de Markétte, d'Afforage, Macheta, Maritagium et Bumede. *Rouen*, 1877, in-8 br. 5 fr.

3491. **RAPHAEL SANZIO**. Imagines veteris ac novi testamenti à Raphaele Sanctio Urbinato in Vaticani Palatii Xystis expressæ J.-J. de Rubeis, cura delineatæ et incisæ. *Romæ*, 1674, in-fol. obl., vélin. 80 fr.
Bel exemplaire. Recueil de 55 planches, dont les 2 premières représentent le portrait de la reine Christine de Suède, et celui de Raphaël; 36 sujets sont gravés par Fantetti; les autres, par P. Aquila. Belles épreuves.

3492. **Récit fidelle** de la Tortue vivante, tirée du genoux d'un musicien, habitant et bourgeois d'Amessy en Savoye. *Chambéry*, in-8, br., papier vergé. 4 fr.

3493. **Recueil** de Poésies de mademoiselle Deiardins. *Paris, Claude Barbin*, 1662, in-12, vélin. 15 fr.
Edition originale.

3494. **Recueil** de diverses Poésies choisies des sieurs La Menardière, Brebeuf, Segrais, Du Ryer, Rotrou, Bensserade, Scaron, Cottin, etc. *Pa-*

ris, 1666, 2 tomes en 1 vol. in-12, veau. 6 fr.

'495. **Recueil** d'Histoires divertissantes et Aventures comiques arrivées de fraîche date dans les pays voisins. *Londres*, 1755, in-4 cart. 8 fr.

Ce Recueil contient, entre autres pièces : les Planteurs de cornes en idée ; Histoire du mariage d'un R. P. jésuite ; le Voile, ou la Faille déchirée ; la Curiosité bien payée.

3496. **Recueil** historique contenant diverses pièces curieuses de ce temps. *Cologne, Van Dyck,* 1666, in-18, veau. 10 fr.

Ouvrage curieux pour ses détails sur la Campagne de Hongrie ; Discours sur les moyens d'anéantir la monarchie des princes ottomans ; Relations de voyage à Naples par le duc de Guise ; les Causes de la guerre de Hongrie ; Discours politique sur le traité de paix fait entre Léopold Ier, empereur des Romains, et Mahomet dernier, empereur des Turcs.

3497. **Recueil** philosophique. ou Mélange de pièces sur la religion et la morale, par différents auteurs. *Londres,* 1770, 2 vol. in-12, br. 3 fr. 50

3498. **Redouté.** Album des plus belles fleurs prises dans différentes familles du règne végétal, de quelques branches des plus beaux fruits, groupés quelquefois et souvent animés par des insectes et des papillons. *Paris,* 1827, gr. in-4, pap. vélin. 100 fr.

Ce recueil, composé de 122 planches, est très-rare à réunir.

3499. **Règlement** donné par une dame de haute qualité à M*** sa petite-fille, pour sa conduite et pour celle de sa maison. *Paris,* 1698, pet. in-12, cart. 10 fr.

L'auteur de cet ouvrage est Jeanne de Schomberg, duchesse de Liancourt, et celle à qui elle s'adresse est Mlle de La Roche-Guyon, sa petite-fille.

3500. **Reiffenberg.** Le Chevalier au Cygne et Godefroid de Bouillon, poëme historique publié avec de nouvelles recherches sur les légendes qui ont rapport à la Belgique, et un travail et des documents sur les Croisades. *Bruxelles,* 1846, 1859, 3 vol. in-4 en 4 parties, br. 55 fr.

Publication achevée par M. Borgnet, avec un glossaire par M. Cochet.

3501. **Réimpressions** figurées de pièces gothiques faites par J. Techener, et tirées à très-petit nombre.

La complainte de Venise, tirée sur chine. 10 fr.
Doctrinale des Filles à marier. 6 fr.
Les Faictz merveilleux de Virgille. 8 fr.
Le Dépucellage de la ville de Tournay. 6 fr.
Les Ventes d'Amour. 6 fr.

Toutes ces pièces sont de la plus grande rareté.

3502. **Renou.** Description géographique de l'empire de Maroc. *Paris,* 1846, gr. in-8, br. 6 fr.

Ce volume est spécial pour les sciences historiques et géographiques.

3503. **Renouard.** Catalogue de la Bibliothèque d'un amateur, avec notes bibl., crit. et littéraires. *Paris,* 1849, 4 vol. in-8, br. 20 fr.

3504. **Réponse** de monsieur Libri au rapport de monsieur Boucly. *Paris,* 1848, in-8, br. 2 fr.

3505. **Responce** apologétique à l'Anti-Coton, par le P. Coton. *Au Pont,* 1611, pet. in-8, vélin. 10 fr.

Rare.

3506. **Retaux de Villette.** Mémoire historique de la Cour. *Neuchatel,* 1872, in-12, demi-rel. maroq. 10 fr.

Curieux mémoires sur ce qui s'est passé entre la reine et le comte d'Artois, le cardinal de Rohan, Mme de Polignac, etc.

3507. **Restif de la Bretonne.** Monument du Costume physique et moral de la fin du XVIIIe siècle, ou Tableaux de la vie. *Paris,* 1876, in-fol., cart. 65 fr.

26 belles figures dessinées et gravées par Moreau le jeune. Bel exemplaire.

3508. **Rétif de la Bretonne.** La Mimographe, ou Idées d'une honnête femme pour la réformation du théâtre national. *Amsterdam,* 1770, in-8, veau. 12 fr.

3509. **Rétif de la Bretonne.** L'Ecole des Pères. *Paris,* 1776, 3 tomes en 2 vol. in-8, veau. 25 fr.

Rare.

3510. **Reuilly.** Voyage en Crimée et sur les bords de la mer Noire pendant l'année 1803. *Paris,* 1806, in-8, maroq. rouge anc., tr. dor. 10 fr.

Cartes, plans, vignettes de Duplessis-Bertaux.

3511. **Revue** de Numismatique françoise, dirigée par Cartier et de la Saussaye. *Blois,* 1836 à 1845, tome

Ier à X, 10 vol. gr. in-8, br., très-propre. 120 fr.

Cette période est devenue très-rare.

3512. **Richard.** Législation française des mines, minières, carrières. *Paris*, 1838, 2 vol. in-8, br. 6 fr.

3513. **Robbé de Beauveset.** Œuvres badines. *Londres*, 1801, 2 vol. in-18, demi-rel. 20 fr.

3514. **Robert.** Mémoires d'un Claqueur, contenant la théorie et la pratique de l'art des succès, des jugements sur le talent de plusieurs auteurs, acteurs, actrices, danseurs, danseuses. *Paris*, 1829, in-8, demi-rel. maroq. noir, 16 fr.

Livre curieux sur les mystères des théâtres

3515. **Roman comique**, mis en vers par Le Tellier d'Orvilliers. *Paris*, 1733, 2 vol. in-12, veau. 6 fr.

3516. **Roquefort-Flamericourt.** De l'état de la poësie françoise dans les xiie et xiiie siècles. *Paris*, 1815, in-8, demi-rel. veau, n. rog. 12 fr.

Rare.

3517. **Rosine et Rosette**, nouvelle en vers de Prosper Jourdan. *Paris*, 1862, in-12, demi-rel. veau fauve, tête dor., n. rog. 6 fr.

Rare.

3518. **Rouquet** (de l'académie de peinture). L'Etat des arts en Angleterre. *Paris*, 1755, in-12, veau. 3 fr. 50

3519. **Rousseau.** Œuvres diverses du sieur de R***. *A Soleure*, 1712, in-12, veau anc. 12 fr.

Edition originale.

3520. **ROY D'ARMES** (le), ou l'Art de bien former, charger, briser, timbrer et blasonner toutes sortes d'armoiries, par Gilbert de Varennes. *Paris*, 1640, maroq. rouge jans., dent. int., tr. dor. (Petit Simier). 100 fr.

Très-bel exemplaire en grand papier, bien complet avec les 10 feuillets d'additions qui manquent souvent.

3521. **RUBENS.** Les Plat-fonds, ou les Tableaux des galeries de l'église des R. R. P. P. jésuites d'Anvers, dessinés par Jacob de Witt, et gravez par Jean Punt. *Amsterdam*, 1751, in-fol. obl. 45 fr.

36 belles gravures dessinées d'après les véritables originaux.

3522. **Sacre** et le couronnement de Louis XVI, roi de France et de Navarre dans l'église de Reims, 11 juin 1775. *Paris*, 1775 in-8 demi-rel. 28 f.

1 frontispice, 14 vignettes, 48 figures finement gravées.

3523. **Sage résolu** (le) contre la fortune, ou Entretiens de Petrarque, intitulés des Remèdes à l'une et à l'autre fortune, traduits en français par de Grenaille. *Paris, Besongne*, 1646, 2 part. en 1 vol. in-4, veau. 15 fr.

Aux armes, frontispice gravé.

3524. **Saint-Pavin.** Recueil complet de poésies. *Paris, Techener*, 1861, in-8, br. 6 fr.

3525. **Sainte Bible**, trad. par Lemaistre de Sacy, avec notes par l'abbé Delaunay. *Paris, Curmer*, 1860, 5 tomes en 6 part. in-4, br. 35 fr.

Belle publication ornée de 50 gravures.

3526. **Sandras de Courtils.** Mémoires de monsieur d'Artagnan. *Amsterdam*, 1704, 4 vol. in-12, veau., (rel. fat.). 25 fr.

Ouvrage très-curieux sur le règne de Louis XIV; il a servi de point de départ à A. Dumas pour ses *Trois Mousquetaires*, le titre du tome Ier.

3527. **Sarcotis et Caroli V**, imp. panegyris carmina, auctore Masenio. *Parisiis*, 1771, in-12, veau, tr. dor. 5 fr.

De la collection Barbou.

3528. **Satiræ** Decii Junii Juvenalis Aquinatis. *Glasguæ*, 1750, in-12, demi-rel. 4 fr.

Edition très-bien imprimée.

3529. **Satyre menippée** de la vertu du catholicon d'Espagne et de la tenue des Etats de Paris. *S. l.*, 1595, pet. in-8, veau anc. 15 fr.

3530. **Satyres bastardes** et autres œuvres folastres de Cadet Angoulevent. *Paris*, 1615, in-12, en feuilles. 35 fr.

Réimpression textuelle, un des deux exemplaires sur peau vélin.

3531. **Savary de Lancosme Brêves.** De l'Equitation et des Haras. *Paris*, 1843, gr. in-4, veau. 25 fr.

Nombreux dessins de Giraud, gravés par Gagnon.

3532. **Scarron.** Le Roman comique. *Paris, Didot*, an IV, 3 vol. in-8, maroq. rouge du Levant, tête dor., n. rog. 60 fr.

Edition avec les belles figures de Lebarbier.

33. **SCEVOLE** et **LOUIS DE SAINCTE-MARTHE.** Histoire genealogique de la maison de France. *Paris, Sébastien Cramoisy,* 1647, 2 vol. in-fol., veau. 35 fr.
Quantité de blasons; le tome II a une mouillure.

3534. **SCHILLER.** Œuvres dramatiques. Trad. de Barante. *Paris, Didot,* 1861, gr. in-8, br. neuf, fig. 6 fr.

3535. **SEANCES** générales de la Société française d'archéologie pour la conservation des monuments historiques. *Paris et Caen,* 1843 à 1875. 32 vol. in-8, br. 80 fr.
Manque l'année 1845.

3536. **SEIOUR** des Muses, ou la Crême des bons vers triez du meslange et cabinet des sieurs de Ronsard, du Perron, de Malherbe, Aubigny, Maynard, Théophile et autres bons autheurs. *Rouen, Martin de la Motte,* 1630, pet. in-8, veau fauve, fil, tr. dor. (166 mil.) 30 fr.

3537. **SERAPHIN.** Histoire de ce spectacle depuis son origine jusqu'à sa disparition, 1776-1870. *Lyon,* 1875, in-8, br. neuf. 30 fr.
Papier vergé, eaux-fortes.

3538. **SEVIGNÉ.** Lettres. *Paris, Blaise,* 1818, 10 vol. in-8, demi-rel. maroq. vert, n rog. 50 fr.
Portraits, vues et fac-simile.

3539. **SHAKSPEARE.** Œuvres complètes, trad. de M. Guizot. *Paris, Didier,* 1868, 8 vol. in-8, br. 28 fr.

3540. **SILVESTRE.** Histoire des Artistes vivants français et étrangers. *Paris,* 1856, gr. in-8, demi-rel. maroq. rouge, tête dor., n. rog. 18 fr.
Bel exemplaire, portraits.

3541. **SOLLEYSEL** (de). Nouvelle Méthode pour dresser les chevaux, en suivant la nature et même la perfectionnant par la subtilité de l'art. *Paris,* 1677, in-4, veau anc. 18 fr.
Livre très-rare, figures hors texte; une des planches est raccommodée; notes marginales très-curieuses.

3542. **SOUFFLEURS** (les), par Chiliard. *Paris,* 1694, in-12, veau. 10 fr.
Très-rare, deux frontispices gravés.

3543. **SOUPERS DE DAPHNÉ** (les) et les Dortoirs de Lacedémone, anecdotes grecques, ou Fragments historiques publiés et traduits sur la version arabe imprimée à Constantinople l'an de l'hegire 1110, et de notre ère 1731. *Oxford (Paris),* 1740. in-12, veau. 20 fr.
Critique des Soupers de Marly, composée par Meunier de Querlon.

3544. **SPEKE.** Les Sources du Nil, journal de voyage. *Paris,* 1865, gr. in-8, demi-rel. chagr. 7 fr. 50
Nombreuses figures.

3545. **SHTAL.** Théorie de l'Amour et de la Jalousie. *Paris,* 1853, in-12, br. 3 fr.

3546. **STANCES** de maistre Adam au parc de Nevers, sur le départ de la serenissime Reyne de Pologne. *Paris,* 1645, 12 pages in-4, br., n. rog. 6 fr.
Edition originale.

3547. **SYLVAIN LASPRE.** Un poëme épique. *Paris,* 1861, br., in-8. 2 fr.

3548. **COLLECTION** de petits classiques françois, publ. par Ch. Nodier et N. Delangle. *Paris, Delangle (impr. de J. Didot l'ainé),* 1825-26, 8 vol. in-16, demi-rel. mar. r. 60 fr.
Madrigaux de La Sablière. — Œuvres choisies de Senecé. — Poésies d'Aceilly. — Voyage de Chapelle et de Bachaumont. — Campagnes de Rocroi et de Fribourg, par de Besse. — Œuvres de Sarrazin. — Conjuration de Fiesque, par de Retz. — La Guirlande de Julie, par De Montauzier.

3549. **TABLEAU** des mœurs françaises aux temps de la Chevalerie, tiré du roman de sire Raoul et de la Belle Ermeline. *Paris,* 1825, par le comte de Vaudreuil, 4 vol. in-8, br. 16 fr.

3550. **TARDIF** (A). Les Pas de Clerc, chansonnettes. *Paris,* 1836, pet. in-12, cart. 4 fr. 50

3551. **TASSE.** Jérusalem délivrée. *Paris,* 1803, 2 vol. in-8, cart., n. rog. 10 fr.
Portrait et 20 gravures de Le Barbier.

3552. **TEXTE D'ALCHYMIE** (le), et le Songe-Verd. *Paris, Laurent d'Houry.* 1695, in-12 veau anc. 8 fr.
Curieuse figure coloriée, nombreuses et intéressantes notes marginales par Andreas Coligny.

3553. **THIERRY** (Augustin). Histoire de la conquête de l'Angleterre par les Normands. *Paris, Sautelet,* 1826, 4 vol. in-8, demi-rel. 14 fr.

3554. **TESTAMENT** politique du maréchal duc de Belle-Isle, par Chevrier. *Amsterdam,* 1761, pet. in-8, veau. 6 fr.

3555. **THEATRE LYONNAIS** de Guignol, publié pour la première fois, 2e série. *Lyon,* 1870, in-8, br., fig. 20 fr.

3556. **TOUCHARD-LAFOSSE.** La Loire historique, pittoresque et biographique de la source de ce fleuve à son embouchure. *Tours,* 1842, 5 vol. gr. in-8, demi-rel. veau. 30 fr.
Nombreuses figures sur acier et cartes.

3557. **TOUCHES** du Seigneur des Accords, dédié à Pontus de Tyard, seigneur de Bissy. *Paris,* 1585, 5 parties en 2 vol. in-12, br., pap. de Hollande. 26 fr.
Réimpression à 100 exemplaires, faite à Bruxelles en 1863.

3558. **TRACAS** (le) de la Foire du Pré, facétie normande attribuée à Gaultier Garguille. *Turin,* 1869. 4 fr. 50
Exemplaire en grand papier vergé.

3559. **TRAGEDIE** di Vittorio Alfieri da Asti. *Milano*, 4 vol. in-8, demi-rel. 10 fr.

3560. **TRAITÉ** des causes physiques et morales du rire relativement à l'art de l'exciter, par Poinsinet de Sivry. *Francfort*, 1769, in-12, veau, fil. 7 fr.

3561. **TRAVAUX** (les) de N. l'abbé Mouche. (Contes en prose et en vers dont quelques-uns assez lestes par de Lantier.) *Londres (Paris)*, 1784, in-12, veau. 10 fr.

3562. **TRESSAN.** Œuvres complètes avec notice par M. Campenon. *Paris*, 1822, 10 vol. in-8, demi-rel., n. rog. 35 fr.

Bel exemplaire avec les figures de Colin et de Blanchard avant la lettre, quelques taches de rousseur.

3563. **TRESSAN.** Histoire du petit Jehan de Saintré et de la dame des Belles Cousines. *Paris*, an II, in-18, demi-rel. chagr., fig. 5 fr.

3564. **TRÉVOUX.** Dictionnaire universel français et latin, contenant la signification et la définition des mots. *Paris*, 1743, 6 vol. in-fol. Supplément au dictionnaire de Trévoux, in-fol, ensemble 7 vol. in-fol, rel. veau pl. (conservé). 30 fr.

3565. **TRIOMPHES DES ANES** (le) sur le sens commun. *A Onopolis, de l'imprimerie de Martin Bâton*, br. in-8. 5 fr.
Curieux frontispice.

3566. **VALLÈS** (Jules). Les Réfractaires. *Paris*, 1868, in-12, br. 5 fr.

3567. **VAUBAN.** Projet d'une dîme royale. *S. L.*, 1707, in-12, veau. 13 fr.
Très-rare.

3568. **VAUCELLE** (de). Les Aspirations, poésies. *Paris*, 1858, in-12, br. 3 fr.

3569. **VENDÉEN** (le), Episode de 1793, *Paris, Moutardier*, 2 vol. in-8, br. 6 fr.

3570. **VENUTI** (Ridolfino). Vetera monumenta quæ in hortis cælimontanis et in ædibus Mathreorum adservantur, collecta et notis illustr. a Rod. Venutio et Joa. Chr. Amadutio. *Romæ*, 1779, 3 vol. in-fol., demi-rel. 45 fr.
Cet ouvrage renferme plus de 200 figures bien gravées.

3571. **VÉRITABLE PÈRE JOSEF**, capucin, nommé au cardinalat, contenant l'histoire anecdote du cardinal de Richelieu. 1704, in-12, veau. 5 fr.
Livre fort rare, notre exemplaire a le titre taché d'encre.

3572. **VICO** (Ænea). Augustarum imagines formis rereis expressæ signoru, etiam quæ in posteriori parte numi matu efficta sût ratio explicata. *Pariis*, 1619, in-4, veau. 20 fr.
Ouvrage orné de 63 belles planches gravées, revu par Jean-Baptiste du Val.

3573. **VICOMTE DE BARJAC** (le vicomte), ou Mémoires pour servir à l'histoire de ce siècle, par le marquis de Luchet. *Dublin*, 1784, 2 tomes en 1 vol. in-18, veau. 8 fr.
Curieux Mémoires sur Mme de Maurepas, Mlle Arnould, Necker, Fréron, le duc d'Orléans.

3574. **VIE PRIVÉE** du cardinal Dubois, premier ministre, archevêque de Cambrai. *Londres*, 1789, in-8, demi-rel. 7 fr.
Beau portrait.

3575. **VIOLLET - LEDUC.** Dictionnaire raisonné de l'architecture française du XIe au XVIe siècle. *Paris, s. d.* 10 vol. gr. in-8, demi-rel. maroq. rouge du Levant, tête dor., n. rog. 235 fr.
Superbe exemplaire, 354 figures en bois.

3576. **VIRGILE.** Œuvres complètes. *Paris*, 1838, gr. in-8, dem.-rel. chagr., n. rog. 20 fr.
Bel exemplaire de l'édition polyglotte, publiée sous la direction de Monfalcon.

3577. **VOLTAIRE.** Œuvres complètes avec préface et notes par P. Ñchot. *Paris, Lefevre*, 1830, 70 vol. in-8, br. 130 fr.
Bel exemplaire sur papier vélin, se joint à la collection des classiques français, publiés par Lefevre.

3578. **VOLTAIRE.** Candide, ou l'Optimisme. *Paris*, 1878, in-12, br., papier vergé. 3 fr. 50
Belles eaux-fortes de Laguillermie.

3579. **VOLTAIRE.** Vie de Molière avec des jugements sur ses ouvrages. *Paris*, 1739, in-12, veau. 9 fr.
Très-rare, légère cassure au titre raccommodée.

3580. **VOYAGE** autour de ma Chambre. *Paris, an VII.* — Mémoires de M. Cléry, valet de chambre de Louis XVI. *Londres*, 1800, in-18, veau. 4 fr.

3581. **VOYAGES** et Adventures de Frondeabus, fils d'Herschell, dans la Cinquième partie du monde par Henriquez, *Paris, an VII*, pet. in-8, demi-rel., front. grav. 5 fr.

3582. **VOYAGE** et retour de St-Cloud à Paris par mer et par terre. *Amsterdam, P. Mortier*, 1750, in-12, veau. 6 fr.

www.ingramcontent.com/pod-product-compliance
Lightning Source LLC
LaVergne TN
LVHW051331200726
843510LV00002B/606